하늘 아래 머무는 풍경

하늘 아래 머무는 풍경

권동웅 제4시집

작가의 말

가을이 오는 소리와 더불어 제4시집 발간 소식은 겹경사가 아닌가 싶다. 저 멀리서 시몬의 낙엽 밟는 소리가 자박자박 들리는 듯하다. 이번 시집 『하늘 아래 머무는 풍경』은 지금까지 화자 되는 인생여정 동안 세월의 물굽이 속에서 접하였던 회상의 길목이 고스란히 나타나 있을 것이라 생각하니 남다른 감회가 깊을 따름이다.

월간 『문학세계』의 깊은 인연은 생애 있어 잊지 못할 앤솔러지가 아닌가 싶다. 특히 詩보다 더 멋진 評으로 심혈을 기울여 특별 서평을 해주신 공경하는 조용연 문학평론가님께 다시 한번 감사 인사드리고 싶다.

파란 많은 내 인생의 속살을 들여다보듯 망백에서 바라본 유한한 인생행로의 길라잡이인지도 모를 만큼 속 깊은 해설은 살아온 날들의 기억창구에서 용출하는 허허로운 염려처럼 느껴진다.

詩는 내 인생에 있어 가장 소중하고 아름다운 삶의 오솔길, 지란지교와 같은 글벗이요 길벗임에는 틀림이 없지 않는가. 마지막으로 곁에서 적극 응원해 주고 사랑으로 기도해 주는 가족들께도 감사 인사 전하리라 다짐을 한다.

남은 여정 동안 좋은 글로 보답할 것을 약속드린다.

존사람 권동옥

작가의 말

제01부 하얀 눈이 소리 되어

구름의 형태 …………………… 13
소낙비 ………………………… 14
팔도 다리 ……………………… 15
남매지 사계 …………………… 16
가을 배달부 …………………… 19
원앙새 ………………………… 20
일출봉 정상 …………………… 21
우도 …………………………… 22
송악산 브려 …………………… 23
하얀 눈이 소리 되어 ………… 24
남매지 ………………………… 25
가을 풍경 ……………………… 26
요즘 봄 날씨 ………………… 27
귀뚜라미 ……………………… 28
오라 하지 않아도 …………… 29
상원사 풍경 …………………… 30

제02부 푸른길 공원에서

사랑이란?	33
여름밤의 해학	34
구루마 동태	35
맞바람	36
제주의 밤	39
텔레파시	40
관문시장 장서방	42
스크린	44
시골집	45
오월 장미	46
푸른 길 공원에서	48
여수 오동도에서	50
눈 오시는 날	51
비는 오락가락	52
밤의 서정시	54

제03부 삶의 거처를 옮아가다

버선 길	57
세월의 존해	58
공감	59
가난한 시절	60
엽전	61
춘래불사춘(春來不似春)	62
무지의 소치	64
비 내리는 날	65
업	66
종로에 조각상 셋	67
살풀이	68
시간 마음 앞에 서면	69
삶의 거처를 옮아가다	70
늘 푸른 대나무	72
억장 무너지는 소리	73
이승과 저승	74
사람의 목숨	75
세월 가면	76

제04부 화무십일홍

- 답답하다 ………………………… 79
- 들꽃 ……………………………… 80
- 정치인의 실상 …………………… 82
- 유일무이 ………………………… 84
- 어깃장 …………………………… 86
- 죄와 벌 …………………………… 88
- 화무십일홍(花無十日紅) ………… 90
- 주문진 앞바다에서 ……………… 92
- 핫바지 부대 ……………………… 94
- 조각상 하나 ……………………… 96
- 거들먹거리다 제대했습니다 …… 98
- 본 만큼 행한다 ………………… 100
- 민중의 해악 …………………… 101
- 아이들의 거울 ………………… 102

해설 살아온 날의 기억에서 용출하는 허허로운 염려
  • 조용연(시인 · 문학평론가) …………… 103

제**01**부

하얀 눈이
소리 되어

구름의 형태

하늘 가운데
흘러가는 구름
자고 가는 구름이 한데 모여

석양빛 노을 붉게 물들어가는
구름까지 따뜻한 집을 그리워한다

높고 높은 하늘에 떠다니는
구름 조각들에게 고하노니

너는 무엇을 찾으려 왔느냐?

이곳저곳 곳곳마다
방랑자의 모습 술에 취한 듯
슬픈 고독에 젖어든 구름이여

소낙비

칠월 장대비 내리는 날에는
하늘의 울음소리 같다

그, 아래 모든 것 비를 맞으며
농지에 매달린 포도송이 가지마다
시원하게 뿌려주고 있으니 시원하도다

쏟아지는 비에 흠뻑 젖으며
정신이 번쩍 들도록 내리는 빗소리

그 안에 모든 것 씻기라도 하듯
알알이 청초한 너의 도습도 익어간다.

팔도 다리

다리도 없는 바람이
넓디넓은 바다를 한달음에
건너와서 양팔이 없어도

나를 포근히 감싸안는다

남매지 사계

봄.
저 멀리 성암산 팔공산 바라보며
봄맞이 오리 길 걷노라면

빨강 장미터널 옆 물가에는
산책 나온 물고기 여러 마리
인기척에 깜짝 놀라 물밑으로 달아난다.

여름.
무더운 여름밤 분수 쇼 구경하며
더위도 잊은 듯 걷노라면

엘이디 가로등 은은한 빛은
훤히 둘레 길을 밝게 비추고
잠을 설친 물고기들 물속에서 헤엄친다.

가을.
단풍으로 물든 가을 산 바라보며
시원한 둘레길 걷다 보면
여러 색으로 물든 나뭇잎들
여기저기 두둥실 떠다니고
물오리들 여러 마리 줄을 서서 헤엄친다

겨울.
햇빛은 가득 얼음 위에 내려앉고
둘레 길엔 인적이 뜸하고
넓은 빙판에는 참새들 만이
숙였다 들었다 목 운동하니
목이 긴 황새 한 마리 먼 산보며
외롭단다

영남대학교 본관 건물 옥상에 불빛은
번쩍번쩍 자신을 알리고
쌍둥이 남녀 기숙사 블빛은
넓은 남매지를 밝게 티추고
잠을 깬 젊은이들 새벽까지
꿈을 좇는다

가을 배달부

귀뚜라미 소리는 보통 귀뜰귀뜰 하는데
저 귀뚜라미는 귀뚜루루 귀뚜루루
4음정이 매우 음악적이다
한 잎 두 잎 낙엽 지니 슬피 우는 소리일까?
여름 한 철 긴 더위 없어지니
기쁨의 소리일까?
높은 하늘에는 쟁반 같은 보름달
주변 사위가 싱그러우니 멀리 보낸 님 없으므로
코끝 찡하게 한다
지금 이 밤 여인들 얼마나 가슴 설레며 있을까?
깊은 밤하늘 초롱초롱한 별 따다 함지박에 담아
흘러가는 구름으로 포장하여
귀뚜루루 뀌뚜루루 음악에 맞춰
늦도록 사랑을 배달한다.

원앙새

산에 살면 산새
들에는 종달새 지지배배

강가에는 황새, 방앗간에는 참새
가을 하늘에는 기러기 날고

꾸르륵꾸르륵 바다 위를
빙빙 그리며 돈다.

이곳저곳 옮겨 다니면 철새
한 곳에 머물면 텃새

내 마음속 당신은 나의 집 새
나와 같이 백 년을 해로하는 피앙세

우리 둘은 떨어지려야 떨어질 수 없는
영원한 원앙새 한 쌍

일출봉 정상

낮게 드리운 운무가 숲을 점령하듯
나무 사이사이로 스멀스멀 지나다니는
산 안개 운무의 유혹이여

어느 외국영화 한 장면처럼 보이지 않는
적을 향하여 총구 겨누며 이래저래 매섭게 노려보며
민첩하게 움직이는 병사같이 팽팽하게
긴장감마저 감돌고 있다.

넓은 바다는 평온한데 일출봉은 찬비를 맞는다
일촉즉발 시커먼 먹구름이 뒤덮었다

찬바람 금방이라도 쏟아질 듯
구월 비는 하늘의 뜻이 아닌가 그 아래
모든 것 담담하게 맞아야 한다

바다와 육지를 지나 그 아래 비를 맞으며
나도 비를 맞는다 일출봉도 비를 맞는다

우도

바다 가운데 있어도
옆에 제주도가 있어 오롭지 않은 섬 우도
울긋불긋 무리 지은 이색 지붕들
성씨별로 칠했다는 관광버스기사의 우스갯소리
보고 베낀 것 같은 하나의 색깔
천편일률적인 것 같다
다양성의 조화를 염두에 둔 것일까?
지붕 색깔이 다르다고 마음마저 다른 것 아니겠지?
겨우 보기 좋아 칠한 것
마음만은 하나이겠지
넓지 않지만 크지 않지만 큰 우도
개인이 운영하는 자연사 박물관이 말해준다
산등성에 소가 누워 되새김질하는 곳
평화로운 5월 한낮 왔다 가는 나그네
즐겁게 갑니다

송악산 보려

100m 높이 송악산 보려 찾아갔더니
안개비 길게 드리우고
바람마저 거세게 길을 막는다
해변 산까지 가기는 하겠는데
파도소리 철썩철썩
저 소리 그냥 갔소 보고 갔소
구경하고 가라는 것인가? 그냥 가라는 것인가?
오는 날이 장날인가 봐
자연의 길 막으니
생명 구할 일 아니니 발길 돌린다
인사 남기고 돌아서니 파도마저 삼킬 것 같은 바닷바람이
옆에 산을 모질게 매질한다
산이 어르렁 하면서 웃음 짓는다

하얀 눈이 소리 되어

하늘이 회색 구름으로 덮여있다
몇 시간을 벼르고 어르듯 주춤한 모습이더니
어느새 함박눈이 흰나비 되어 춤추며 내린다
더러운 세상 하얘져라 하늘의 염원이 담긴 걸까?
한순간 온 세상을 하얗게 덮어 버린다
온 세상이 백색으로 변하였다
사람의 힘 크다 하나 자연 앞에서 말도 부칠 수가 없다
하늘 아래 모든 것이 완벽한 흰색이다
내일 아침 해 뜨면 눈이 물이 되어 속삭이듯 말할 거야
하느님 들으시기 편하도록 세상 염원을 담아 주세요
하얀 눈이 소리 되어

남매지

추위에 수없이 많은 물기둥이 호위하듯 함께 나부낀다
물의 반란인가? 작은 용오름인가?
순간순간 변화무상은 은근히 흐르는 서울에미의 노랫소리와
함께 밤의 남매지를 들썩이게 한다
빛과 소리 산책 나온 여럿이 민들레의 어울림 한 마당 축제를 본다
자연과 인간이 버무려 놓은 간단찮은 비빔밥
그 속에 천진난만한 아이들의 춤사위 보는 이들의 귀를 즐겁게 한다
여름밤 남매지에 펼쳐진 물과 빛 그리고 소리의
어울림은 색을 칠한 과학이란 이름으로 만들어진
종합오케스트라이다

가을 풍경

여름 내내 천둥은 먹구름 속에서 울부짖고 번개는 하늘을 향해 삿대질
하지만 어김없이 지나가는 시간이란 마술이
얼굴에 피는 저승꽃과 무엇이 다른가?
긴 여름 동안 흘러내린 눈물도 비라 우기듯이
자기 몸속 피어나는 저승의 꽃과 무엇이 다른가?
단풍 이산 저산 찾아다니며
아름답다며 구경한다.

요즘 봄 날씨

봄볕이 숨어버린 자리에
봄비가 머물지라도 살갑다
이도 잠깐 하늘은 줄까 말까?
언 발에 오줌 누듯 찔끔찔끔
긴 시간 동안 어르듯이
미안했으면 얼굴은 숨겨야지
뭘 그리 잘했는지?
구름은 하늘 어느 곳으로 자취를 감추고
해는 쨍쨍 밝은 얼굴을 보인다

귀뚜라미

지금 울고 있는 저 귀뚜라미
어제 웃던 고놈일까?
어제 웃던 그놈은 귀뚜랄랄이였는데?
오늘 쿡쿡 울음을 토해 내는 귀뚤귀뚤 짧은 비명이다
사랑했던 님 어제 헤어질 때
내일 밤 해 질 무렵 다시 만나자고 약속했는데
벌써 휘영청 밝은 달은 구름 사이 하늘 가운데 걸려 있고
가을 하늘에 황량한 기운만이 온 천지를 비춘다
풀잎에 기대어 조그만 소리에도 귀 쫑긋
어제 헤어질 때 해 질 무렵 만나자고 약속했는데
아니 오시는 내 님 기다리다 지친 귀뚜라미
귀뜰귀뜰 날갯짓소리 구곡간장 녹이는 애절한 소리

오라 하지 않아도

오라 하지 않아도 기다리지 않아도
아무리 재촉하여도 때가 되어야만 온다
건너뛴 적 없고 일 벌이거나 지나친 적 없다
바쁘다면 빠듯한 적 더욱 많다
아무리 변고 많은 인간사에도
편성하지 않고 어김없이 찾아본다
가끔은 더디온 적 있지만 시원한 바람과 함께
아름다운 나뭇잎 울긋불긋 물들이고
산중턱 아래에 걸지 못들한고로
공중에 많은
고추잠자리 앞세우고 날갯짓하며 찾아온다

상원사 풍경

국립공원 5대 산 상원사 뒤 법당
전나무 군락은 용맹정진하신 젊은 스님 닮아볼까?
푸르다 못해 검푸르다
상원사 동종은 우리나라에서 가장 오래된 범종
천년을 지나 오늘까지 구천의 소리를 온 산천에 뿌리니
자라나는 온갖 산천초목 하후하후 긴 세월
밝고 맑고 아름답게 긴 세월 흠뻑 적신다
생기발랄하며 뻔쩍뻔쩍 저 모습은
부처님 설법에 매료되어 해탈도 마다 않은
미운 마음 때문일 게야

제**02**부

푸른길 공원에서

사랑이란?

네 마음 잡기가
그리도 어렵더니

내 마음 접기는 더더욱
어렵고 힘들구나

사랑이란

잡기도 접기도 쉽지 않은 것인데
가슴속에 타들어 가는 내 마음만
가이없어라

여름밤의 해학

무더운 한여름 밤 금호강 강변
논밭일에 찌든 때 씻어나려는
논바닥 대 여섯 사람

쏴~~
땀방울 씻는 소리는 동정의
노총각 감당할 길 없는 불쏘시게라

희미한 달빛 아래
보일 듯 아니 보일 듯 어슬렁거리는
한낮 우물가에서 훔쳐본
순이 젖가슴에 대한 내 마음의
심란한 요동소리 같아라

재잘 재잘 희희낙락 웃음소리
이웃 마을 순이가 나를 싫다고
들어라는 억지 부리는 소리 같다

구루마 동태

갓데 구루마 동태
누가 돌렸나!

집에 와서 생각해 보니
나 자신이 돌렸다.

무슨 뜻일까?

어린 시절 거침없이 불렀던
이 노래 그때는 아무 생각 없이
불러왔던 노래였으나

지금 생각하니 자리를 모면하기
위하여 거짓말을 하고 난 이후
집에 와서 생각하니 후회막심하다

맞바람

바람 자주 피는 남편
하여, 자신도 아내도 상대 같은
여자일까?

의심의 눈으로 집에 오면 달달 볶는다

좋은 일 나쁜 일 모두 주위 환경에
많은 영향을 받기 마련이다

인성이 좋은 사람이 옆에 있으면
좋은 일을 만나게 되고

인성이 나쁜 질이 낮은 사람들과
어울리다 보면 성격까지도 거칠어지고
큰 영향을 받기 마련이다

그래서 끼리끼리 유유상종이라 하지
않았던가? 옛날에는 여필종부 하여
남편은 바람을 피운다 하여도
바깥출입은 할 수 있다 하였다

요즈음은 남녀 간에 갈 수 없는 곳
없으니 사람 마음 잡기가 하늘에 별따기다

그리하여 조심조심
남의 집 여자 탐하면서 자신의
아내 감시 잘하라고 신신당부하는 말
괜한 욕심이 아닐까?

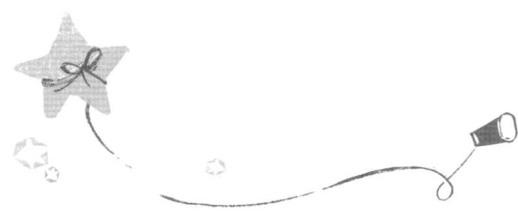

사람이 하는 짓
사람으로 다스려야 하는 법
맞바람 피우는 집안을 들여다보면
일심동체라는 말은 접어두고
각자 다른 마음이다 보니 씁쓸하다.

제주의 밤

사람이 태어나면 서울로 가고
말은 제주에서 살아야 한다는 설이 있다

사람이 사는 서울은 대 만원인데
제주도의 물미안의 말은 왜 텅텅 비어 있나

제주도 초원의 목장 울타리 안 몇 마리 되지
않는 말들이 있을 뿐이다

서울 가면서 가족이라며 말들도 데리고 갔나
텅 빈 하늘 아래 노고지리도 빙빙 돌며
서럽다 노래한다.

텔레파시

잠깐 외출 나간 아내
말없이 돌아오던 날
우연하게도 느낌이 와닿는다

대화는 없어도 아마 ㅈ 금쯤
아파트 정문에 도착했을 거야

마당을 걸어서 온다
하나, 둘, 셋이면
가까이 낯익은 발자국 소리

찰칵 여보! 나왔어

오래 살다 보면 이렇게 된다

가끔 아내가 무엇을 생각하는지
알 때가 있다

당신 지금 그것까지 생각하고
어떻게 알았어요

나, 당신 속에 들어갔다 나왔잖아

오랜 시간 동안 기도를 통한 마음자리
잠시 떨어져 있어도 아내의 마음 읽는다

기도를 통한 모든 심상은
원 과 염이 되어 강물처럼 흐른다

또한 자신도 모르는 사이에
텔레파시가 된다

이 말, 순수한 우리말로 표현하자면
합심의 한 모습이기도 하다

관문시장 장서방

관문시장 장서방은
만날 때마다 남는 것 없다
헛장사한다고 하신다

오늘은 어떠하신지요
조심스레 여쭈어보면 어제보다
더 많이 손해 보았다고 한다

그 언제 쨍하니 해 뜰 날 있으리요
그래도 지금까지 수십 년 동안 지켜온
그의 재주가 놀랍다

자식 농사도 잘 지었고
아들 둘 딸 하나까지 시집보내고
세 사람 다 대학까지 마쳤으니
전셋집 하나씩 한두 푼도 아니니

맨날 남은 것 없다 하시더니
그래도 어디 남는 구석은 있으신 모양일세

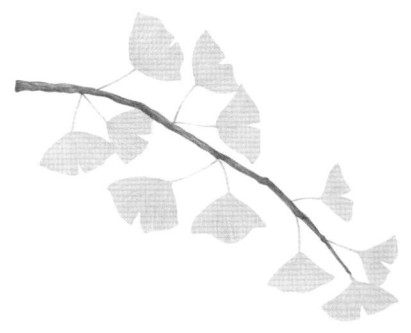

스크린

살찐 비둘기 여럿,
큰 나무 아래에서 뒤뚱이며 먹이를 쫀다

어린아이가 그 뒤를 쫓아간다.
다시 그 뒤를 할머니가 손자를 따라간다.
하나 같이 뒤뚱인다.

저 남쪽 지방의 펭귄 모습을 보는 것 같아
어린이도 할머니도 저 남쪽 지방의 펭귄도
하나 같이 뒤뚱인다.

장관 이도 스크린 속의
한 컷을 보는 것 같다.

시골집

햇빛이 유난히 하얀 여름날 마당 넓은 집
바지랑대 위에 웬 잠자리 한 마리 앉았다
고개를 숙였다 들었다. 검은 꽁지 올렸다 내렸다
허공 중에 빨강 고추잠자리 한 마리
눈치 보는지 빙빙 원을 그린다
하늘에는 검은 구름 몰려다닌다
이글거리는 해는 구름 속으로 들어갔다 나왔다
숨바꼭질이다
깜깜하다 하얗다
내리는 비 찔끔찔끔 마당엔 물방울이 만들어
방울이 만들며 떠내려간다
없어졌다 만들었다 또 없어진다
빨랫줄에 많은 옷들이 자랑 아니하듯 펄럭인다
보는 나 머리 빙빙
눅눅한 바람은 화를 참는지
휑하니 내 몸을 휘감으며 지나간다

오월 장미

빨강 노랑 오월의 장미 넝쿨
담장을 아름답게 장식하는
소중한 넝쿨이 되어 길손들의
사랑을 한 몸에 받고 있다

비좁은 울타리 안 내 요염한 자태를
뽐내려 해도 보는 이도 없으니 쓸쓸하다

오고 가는 이들이 많이도 담장 너머
이리저리 기웃하고 길 가던 남녀 학생들까지
삼삼오오 박수치고 야단법석이다.

그중 여드름투성이 남학생이 훌쩍 뛰어
꺾는 시늉 하니 가슴이 조마조마하지만
모두가 아름다운 자태에 넋을 잃는다

사람들이 꽃의 자태만 볼 것이지
제발 꺾지는 말아다오 하는 것처럼
움츠리는 모습도 넝쿨, 장미답게
도도하고 요염한 모습이 고혹적이다.

푸른 길 공원에서

한낮 이글거리는 태양은 후끈 열기를 뿜는다
나무 등걸이 벽이 되고 서까래가 된 듯
가지에 푸른 잎들은 둘러서서 천정을 만들었다
그늘이 드리워진 푸른 길
의자에 둘러앉아 더위를 잊는 듯 어른들
한담을 나누시는 대여섯분 여유로움 보인다
멀지 않은 지난날 증기를 내뿜으며 칙칙푹푹
소리도 요란하게 도심 한복판을 철마가 석탄가루 휘날리며
달렸던 그 길 둘레에 나무들은 사역하는 기분으로
빙 둘러보며 걸어 본다
한 번도 와 본 일이 없는 이 길이 맞아든 것은
어느 도시 할 것 없이 달리는 철마
이 무수한 사람들의 소망 기쁨 슬픔 등 애환을
함께 싣고 가지 않았을까?

철길 옆 다닥다닥 처마가 맞물린 집에
열 아이 넘던 그 아이들 다들 어디 가고
요즈음 띄엄띄엄 한 아이만이 외로워하며
나뭇잎 무성한 이 길을 걸어간다

여수 오동도에서

늦가을 전망에서 바라본 여수 앞바다는
아름답다기보다 외로움을 준다
시드니 오페라 하우스 옮겨 놓아도 좋을 듯싶다
실제 여수항구는 세계 어느 나라 항구보다 아름답다
물빛이 찬란한 바다와 손을 맞잡고 서 있는
동백나무 아가씨는 서럽도록 아름답다
그림을 보는 것 같은
산중턱 크고 작은 아름다운 집들
꿈을 꾸듯 아름답다
바다는 한없이 바라보며 그렇게 오늘도 출렁이고 있다

눈 오시는 날

검은 구름이 하늘을 뒤덮었다
밖에 일까 안에 있을까 생각 중에
창밖을 본다 함박눈이 소리소문 없이 하얗게 내린다
눈이 하얀 나비처럼 어서 오라 그림같이 쌓인다
온 하늘을 덮었다
회색 구름이 뒤덮은 구름 아래 내리는 눈
와 이렇게 많이 오는 눈 처음이다
어느 외국 영화 속 외계인의
지구 침공 시 모습을 보는 것 같다
비행접시가 되었다
와락 겁이 난다 살려면 어디 몸을 숨길까?

비는 오락가락

비는 오락가락 바닷물은 출렁
내리는 비 사이로 보이는
산의 단풍은 붉으락푸르락
하늘의 구름은 들락날락 산길 포장도로에 차 세워 놓고
사진을 몇 카드 찰칵찰칵 사진을 전송한다
달리는 차 안에서 이어지는 육두문자 잔잔한 개그
지난날 약장수의 시연 모든 것을 버무려 놓으니
차 안은 온통 웃음바다이다
너와 나 우리들 우정의 시간은 육두문자 잔잔해 개그
지난날 약장수의 시연 모든 것을 버무려 놓으니 차 안은
웃음바다가 되었다
올라가는 놈은 내려오다 죽고 내려가는 놈은 올라가다 죽고
뒷발 빼면 앞발 붙고 옆발 빼면 뒷발 붙고
이대로 안 죽으면 이는 정녕 전쟁이다
일 년 내내 웃는 웃음 오늘 하루에 다 웃었을 것이다

그리고 어릴 적 소풍 길 죽베이절 현장답사
산자수려한 영천댐을 화폭에 담고 차창 밖을 본다
논두렁에서 허리 꾸부리고 논일하시는 엄마의 얼굴을 본다
낯익은 길을 지나간다
점심시간이면 줄을 서서 기다려야 하는 중식집에 들려
한 그릇 뚝딱 게 눈 감추듯 감추고 발길 돌린다
다음 달 약속일에 다시 만나기로 하고 발길을 돌린다
잠잘 곳 아내가 있는 집으로 돌아간다.

밤의 서정시

남해 공원에 어둠이 내리면 엘이디 가로등 불꽃은
4줄이 되어 둘레길을 버리고 남쪽에서는 수많은 색색들이
서로 경주하듯 긴 선을 만든다
못 가운데 소리와 빛과 음악의 어울림 한바탕 춤사위가
산책 나온 주민들의 찰걸음을 멈추게 한다
큰 소리에 놀란 물이 일제히 솟아 오르려는가 하면 하나같이
물속에서 잡아당기며 사라진다
두어 술 밥 먹을 시간이 지나며 빛과 물이 어우러져 멋진
춤을 선보인다
높은 하늘을 향해 일제히 솟구치는가 하면
땅에서 잡아당기듯 일제히 사라진다
초록의 제비가 서쪽하늘을 향해 날아가고
푸른 물기둥과 흰 물기둥이 번갈아 나오며

제**03**부

삶의 거처를 옮아가다

버선 길

엉거주춤 걸어가는
짚신 길

오금 저려 걸어가는 길
이길 저길 꼬불꼬불 길이런가

출삭이며 휘어잡는 외갓집 마님
넓두리 치맛길 같기도 하건만
왔다 갔다 서성거리는 길
과거시험 보러 한양 가던 길

그 길 위에
내가 서 있다

세월의 잔해

하늘 가운데 둥둥 떠다니는
구름 사이 바람인가 하였더니
세월이었네

땅바닥에 떨어져 누워있는

그 흔하디 흔한 낙엽의 비애
단풍인가 하였더니 바람
바로 너였구나

쏴아아

마파람 한 번에 사방으로
흩어지는 나뭇잎마다

속절없이 흘러가는 세월의
쓸쓸한 잔해였네

공감

언 땅에 우수수 떨어져 누운
그 흔하디 흔한 낙엽이여

지난해보다
올해는 더더욱 바삭거리는
너의 모습이 오늘따라 애잔하구나

인생도 사랑도 마찬가지다
흙으로 변하는 너의 혼령
다음 해 기약이라도 하는 건지

해마다 너의 모습 지켜보는 내 마음
편하지 않은 것은 왜일까?

가난한 시절

종이가 귀하였던 시절
뒷간에서 짚의 용도를
너희는 아느냐?

얼마 지나지 않아
돌가루 포대와 신문지를
비벼 사용해야 했던

쓰라린 기억들

지난 시절 가난하였던 추억의 잔해
오순도순 석복이란 이름으로
말해 주고 싶구나

엽전

얼마 지나지 않은 지난날
많은 백성의 귀여움을 독차지
했던 너

혼자 있을 때는 말할 것도 없고
여럿, 우애가 돈독하여 꾸러미에 꿰어
대갓집 농 밑에서 우애가 두터워

서로 정을 나눌 때
하늘도 부러운 것 없었다

얼굴을 맞대고 손에 손을 잡고
긴 줄이 되어 정을 나눌 때
그 시절 그때가 그립구나!

춘래불사춘(春來不似春)

백묘면 어떻고
흑묘면 어떨 것인고

고양이가 쥐를 잡으면 되는 일인 것을
일찍 개혁 개방을 외쳤던 소설가가 한 말이다

옛 우리 속담에도 비슷한 고사성어가
더러는 있었다. 꿩 잡는데 매와 같지 않을까마는
우리나라 만만 년 역사의 소용돌이 속
삼월 춘궁기이며 보릿고개를 아는가 모르는가?

애들아 내 말 좀 들어보소
아이들은 알 리도 없고 접하지 않아
아무것도 모를 일이다

보릿고개 그 배고픈 설움을 말이다
핏기 없는 누리 쿠린 얼굴에
아직도 바람 찬 그믐날 배고프지 않은
그런 적을 접해 보았는가?

누더기 같은 핫바지 속으로 파고드는
차디찬 그 얼음장 같은 추위의 설움

춘래불사춘의 깊고 깊은 뜻을
설움 중에 제일 큰 슬픔이 배고픔인 것을
등 따숩고 배부른 현실보다 배고파도
아름다웠던 그 시절 지난 날을 꺼내 보면서
위안으로 삼고 그리움의 한 페이지로 위로받는다

나와 사랑하는 시절 인연 속에서
오순도순 살아가고 싶다.

무지의 소치

옛날에는 갓난아이들
갖은 질병으로 돌 지나기가 무척 어려웠다
홍진에 가나 염병에 가나
말이 있을 정도였다
출생신고도 태어나면 바로 해야 하는데
인간이 되려나 봐 가면서
한두 달이 지나서 심지어는 1년이 지나서 하는 경우도 허다했다
더욱 손이 귀한 집안 자식 귀신이 시기해서
잘 데려가고 이를 피하기 위해 액막이(액뗌, 악방이)
악땜도 했다
천하게 보일려고 냇가 둔치 자갈돌 사이에 팔기도 했다
건넛마을 점쟁이 할머니에게 팔기도 했다
그러다 보니 아이는 엄마가 둘이다
낳아 준 엄마 팔려 간 집 엄마
그래도 갈 아이는 갔다
그때는 그 짓이 잘한 일인 줄 알았다
세월 흘러 지금에야 생각했더니 의술 부족한 무지소치였다
정말이지 아주 무선 일이다

비 내리는 날

창밖에 내리는 장대비
사람에 따라 詩가 되고 음악이 되고
영혼의 엘레지가 되기도 하지만

하루하루 살기 힘든 사람들에겐
장마 가운데 가뭄이 되기도 합니다

최희준의 하숙생도 이미자의 여자의 일생도
되지만 삶의 희망을 잃은 사람들에게는
긴 한숨의 슬픈 일이기도 합니다

업

가지에 앉아 녹아내리는 눈도
한겨울 수백 년 노송 가지에 소복이 쌓이면
우지끈 부러지는 아픔을 겪는다
내 티끌 같은 잘못도 털지 않고 쌓이면
수백 년 노송 가지와 다를 바가 없다
업 스스로 짓기도 하고 지우기도 한다

종로에 조각상 셋

한 집 건너 한 집 먹고 마시며 거나하게 취하는 술집을 지나
근대화 길의 상징인 종로를 지나
걸치적거릴까 보아 자동차 길은 북에서 남으로만 열었다
빼앗긴 들에도 봄은 오는가?
이상화 고택을 뒤로하고 아직도 식지 않은 찡한 코끝을 문지르며
또 하나의 근대화 건물인 계산성당을 뒤로하고
탄약 내음이 물씬 풍기는 약전골목을 지나
언제부터인가 떡집을 넘어가는 골목길 진골목을 지나간다
여행객들이 긴 골목이란 뜻으로 부르는 진골목을 지난다
가로수라 하기 아직 어린 소나무 몇 그루 뒤로 하고
길가 가장자리에 묻고 답하는 동상을 지나 걸어간다
6월의 햇빛이 따갑게 얼굴을 붉게 물들인다
아 덥다 정말 덥다.

살풀이

섬섬옥수 가느다란 고운 손 긴 두 손가락으로 하얀 치마
한 자락 꼭 잡고 가벼이 물방울 휘 뿌리듯
보일 듯 아니 보일 듯 퉁기니 꿀 따러 가는 훨훨 나는 흰나비
하늘을 향해 비상하는 물 찬 제비같이 앞이마 감아 빗어
윤이 나는 검은 머리 정절인양 절개인 양 굳게 다문 입술
한이 많아 떠나지 못한 님아
넋아! 아 넋아 천상 오르지 못한 머나먼 길 가벼이 가려무나

시간 마음 앞에 서면

바쁜 사람에게는 시간은 금쪽같고
할 일 없는 사람에게는 낡은 애 가죽 모양
축 늘어난다
시간의 속도는 언제나 어디서나 일정하지만
즐거운 일할 때는 천년이 하루이고
싫은 일 마지못해 할 때는 하루가 천년이다
시간이란 괴물 마음 앞에 서면
늘어졌다 오그라들었다
멋있게 마술을 부린다

삶의 거처를 옮아가다

고개 숙인 벼가 노랗게 익어가는 들녘을 탈곡기 한 대가
한 번 또 한 번 지나간다
황토흙이 원래 제 모습 드러낸다
아침까지만 해도 꽉 찬 벼들로 들어찬 들녘에
아무것도 갖지 못하고 텅 비어 있다
햇빛단이 온들녘에 가득하다
무리 지은 철새 떼들은 자기 운동장인 양 떼를 지어 온 하늘을
날아다닌다
일사불란한 모습을 쓴다
예행연습의 한마당 곡예 즐겨 본다
가을은 결실의 계절이기도 하다 비우기도 하고 버리기도 한다
원래대로 돌아가 속마음을 보이기도 한다.
채우기도 하고 비우기도 하는 또 원래대로 돌아가는 속마음을
보이기도 하는
또 다른 계절 나기도 한다
채움 뒤에 비움이 있고 마침 뒤에 시작이 있다

이세상에서 마침은 죽음이며 저세상에서 시작일 뿐이다
이세상에서 마침은 죽음이 아니고 저세상으로 거처를 옮기는 과정일 뿐이다
시작과 끝 믿고 믿지 않음이 차이일 뿐 아니라
이세상에선 어디를 봐도 시작이 있을 뿐이며 진정한 끝은 없다
끝이 없는 우주나 끝이 없는 시간이나 거기서 거기이다

늘 푸른 대나무

늘 푸른 대나무 쑥쑥 자라는 것은
하늘까지 닿아 하소연하기 위해서다
속이 뻥 뚫려 있는 것은 자기 몸속에 하늘까지
통로를 만들기 위해서다
할 말이 많았을까? 풀리지 않은 수수께끼가 많아서일까?
몸이 곧으니 마음까지 곧겠지?
속까지 비웠는데 못 비울 것 어디 있소
나눔을 실천하려는 의끠의 표현일까?
통로가 막혀서니 하늘로만 쫓아간다
많고 많은 세상 사람들의 일 풀리지 않으니
하늘에 가서 하소연해보자

억장 무너지는 소리

높은 산에 오르면 닿을 것 같아 올라간 높은 산
발밑에 구름을 두고도 하늘은 별들 데리고
저 멀리 달아나 버렸다
억을 모으면 부자로 산다기에
이를 악물고 일억을 모았더니
성냥갑 같은 15평 APT 한 채가
10억이란다
10억 가지고는 내 한 몸 들어가 살 수 있는 공간
마련이 유별하더니
억장 무너지는 소리 들린다
아무리 돈이 흔해도 이건 말이 되지 않는다
부자로 산다는 것은 하늘에 닿는 것이나
매한가지 그냥 사는 것이다

이승과 저승

물질의 세계인 이세상에서는 시간과 공간이 존재하지만
영혼의 세계에서는 아무 의미가 없다
이세상에서는 긴 시간과 넓은 공간이 필요하지만
저세상에서는 거들떠코지도 않는다
이세상에서는 시집으로 가고 장가들지만
저세상에서는 아무 필요가 없다
늙고 병들고 죽는 일도 없을 것이다
다만 이세상에서는 마음이 기쁘고 살고 죽고 아프듯이
저세상에서 영혼만이 이 일을 감당할 것이다.

사람의 목숨

사람의 목숨은 아무도 거두어 가는 날
총알이 비 오듯 쏟아지는 전쟁터에서도
용케 살아 돌아오는 이 있고 첩첩 하루 종일 차 몇 대 지나지 않은
굽굽이 미포란 느릿길에서도
서로 부딪혀 목숨을 맡기는 경우도 있다
태어나는 날은 정확하지만 죽는 날은 아무도 모른다
어찌 보면 사람의 목숨 하늘의 필요에 의해
정해지는 것 같다
어느 집이고 먼저 가는 이 보면 하늘의 필요에 의해 이루어지는 것 같다
그 집 또 그 집안에서 제일 잘난 사람이다
오래 살려면 1등보다 2등 3등도 괜찮은 것 같다
우리 속담에 욕 많이 얻어먹으면 오래 산다는 것
그 말 옳은 말이다
욕 많이 얻어먹는 사람 잘난 사람 없으니 말이다

세월 가면

가지 마라 발목 잡는 잡초
그 옆에 나는 아직 멀었소
세월 비켜선 여유 있는 모습으로 서 있는 늘 푸른 소나무
얼굴 살짝 찌푸리며 말을 한다
무서리 내리는 어느 겨울로 가는 길목
가을의 마지막 날
휑하니 바람 한 번에 산지사방 흩어지는 낙엽 등
세월 가면 손 흔들며 따라가지 않으니
아무도 없다
가지 말래도 가지 않을 수 없는 이치 산에 있는 늘푸른소나무
너도 할 것이며 세월 앞에 찰나일뿐
서산에 해 넘어가니 오늘도 끝이며 내일이 시작된다

제 **04** 부

화무십일홍

답답하다

어디를 가나 뾰족탑(+)도 만(卍)자도 많아
몇 가구 살지 않는 산골 마을에도
좁은 들녘 농촌에도 하느님 말씀 부처님 말씀 울려 퍼진다
세월 가면 올 것은 오고 갈 것은 가는데
꼭 가고 없어져야 할 것은 난무하고
와야 할 정직(正直)은 가뭄에 콩 나듯 드문드문 보인다
쇠고기 하나로 매일 촛불집회다 데모를 한다 해도
없어져야 할 것은 여기저기 우후죽순처럼 난무하고
한국 사회에 퍼져야 할 정직이란 손가락으로 셀 정도라면
선진국으로 가는 길 한참이나 멀었나 보다

들꽃

아무리 잘 가꾼다 해도
온실 안의 화초가
산과 들에 피는 꽃보다
더 아름다울 수가 있으랴
온실 안 화초는 칼로 물 베기

가위로 다듬어 위아러 규격과
간격이 조화롭고 색감도 수려하여
파격적이라 해도 자연에서 만들어진
기암괴석 같은 인위적으로 만들어
질 수 없는 꽃만 같으리오

더욱 꽃의 본마음인 향기는
하늘을 지붕 삼고 눈을 이불 삼은
폭풍 한설 언 땅에 깊이
뿌리를 내리고 그 향기만 할 것이며

사람의 참모습도 평상심으로
누구나 할 수 있을지 몰라도
어려울 때 어떻게 대처하는가가
중요한 일이라 생각한다.

백성이 마음을 모으고 신바람 나도록
누가 온실 안 화초인지 들꽃인지
가려내는 지혜가 필요하다.

정치인의 실상

물고 뜯고 할퀴고
정치인들 파당을 지어 서로 싸움질이다

왜구들에게 나라 망신당하더니
아직도 정신을 못 차린 작당들이다

자기들끼리 패거리 전투 속에서
작당하니 피가 거꾸로 설 지경이다

누구 하나 국민을 위한다면 얼마나 좋을까마는
안타깝고 갑갑한 상황들이 분노를 유발시킨다

청개구리도 아니고 배반의 장미도 아닐진대
언제나 반대를 위한 반대를 일삼아도
이러다가 조선조 말 비운의 국가로 전락하지
않을까? 심히 염려가 된다

국민을 위한 국민의 정치를 위한 일인데
왜 국민들은 등을 돌릴까? 이유를 알 수 없다

말이 앞서면 실속이 없으니 옛말에 호박에 줄 긋는다고
수박이 되지 않는다고 했듯이 말이 앞서는 정치
국민을 위한 올곧은 정치인으로 거듭나시지요

진정 국민을 위한 정치 믿어보고 싶소

유일무이

세상에 생명 가진 모든 것 다
흙에서 흙으로 돌아간다

가로수 낙엽들도 그렇고
떨어져 누운 꽃잎도 도두 같다

아무 곳에서 피어나는 꽃들은
말할 것도 없다

아무 곳에서 피어나는 온갖 꽃들은
두말 나위 없다

초원에서 피어나는 온갖 꽃들
이를 먹고사는 초식 동물 이를 먹고사는
육식동물 모두 똑같다

인간이야 말할 것도 없이
흙에서 흙으로 돌아가는 것이니만큼
말할 것 또한 없지 않은가

예수 승천만이 유일무이하다

어깃장

여도 야도 둘 다
어깃장이 취미인가 보다

애당초 벽을 가운데 쌓았다

밥 먹을듯한 얘기도 당신 앞에 서면
못 들은 척한다

문은 고사하고 바늘구멍
같은 틈새도 없었다

사다리는 걸쳐 놓아도
넘어갈 생각조차 아예 없다 보니

하는 짓거리들은 눈속임 수밖에
동으로 가면 서쪽으로 가고
남으로 가면 북쪽으로 간다

어깃장에 여도 야도 둘 다 모두
취미로 생각하는 것인지
많은 국민 보시기 부끄럽기보다 한심하다

죄와 벌
— 레드카드와 옐로카드

나무들의 긴 겨울을 나기 위하여
모든 것을 끌어안는다

자기 분신인 잎들을 땅에 떨어뜨리고
한 점의 후회도 없다

이는 스스로 비우고 버리는 쇄신의
참모습이기도 하지 않는가

자신의 생명을 유지하기 위해서는
자기가 갖고 있는 온갖 것으로부터
버리고 비우는 모습이 필요하다

빨강, 노랑 잎새들을 가진 낙엽은
나이 들며 피어나는 얼굴에 검버섯과
무엇이 다른가?

다르다면 낙엽 색깔인 파랑 노랑 **빨강**과
사람의 얼굴에 피는 검버섯의 색감 차이일 뿐이다

애당초 만드실 때 옐로카드와 레드카드의 의미
부여하신 것을 아니실까 의구심도 들었다

전지전능하신 하느님께서는
만물의 영장인 인간세상의 모든 것을
미리 알고 계셨는지도 모르지

화무십일홍(花無十日紅)

열흘 동안도 붉은 꽃은 없고 필요 없는
꽃잎들만 무성하다는 뜻이 아닌가 싶다

해 질 무렵 봄비에 젖은
꽃 몽우리들 맺는가 하였더니

성질머리 급하게도 하루 사이에 화들짝
고개를 치켜들고 봄바람에 살랑살랑
퀸이 된 얼짱으로 으쓱으쓱 라일락까지
온통 섭렵하고 있다.

이 모든 화려하여진 뒤에 세월 속에 훅 가버리고
열흘도 채우지 못한 채, 후드득 떨어지니
천년 갈 것 같던 꽃들의 절창도 버티지 못하고
추풍낙엽처럼 가을 단풍으로 변신하더니
마파람에 못 이겨 낙화의 운명을 맞이한다

겨우 이러려고 채신머리없이 부끄럽지도 않은가?
아이고 부끄러워라 뽐내지는 말 것을 화무십일홍
너, 라일락만 몰라서 그런 것인지 아직도 의문부호
남을 뿐이다.

주문진 앞바다에서

그 바다
찬 바람도 이글이글 타오르는
태양도 온몸으로 맞서려는 저 모습

수만 년 세월을 견디며
여기까지 왔노라.

가지가지 모습대로 변한 것들도
영원한 증표이자 인내의 상징이다.

이 모든 것이 영원한 찰나의 대칭인 양
피부 차이에서 총구 겨누고 있는
한 번 해병은 영원한 해병이라

오래 산다고 한들 겨우 백 년을 살면서
무슨 원수를 진 것처럼 총부리를 겨누느냐?

천년만년 산다는 들 무슨 깊은 의미가
있는지 몰라도 남과 북이 갈라서 있으니
다른 방법조차 강구할 틈이 없다

어쩌다 어쩌다 남과 북으로 갈라져서
다른 방법이 없지 않으냐 말이다

사상이 무엇인지 몰라도 몸에 걸치고
다녀도 시잘 때 없는 것임에도
모든 백성들이 맘고생 몸고생 하니
그대로 우리의 여건이 이러니
국민의 한 사람으로서 각오한 바 있다

핫바지 부대

대부분 농촌 출신이 아니었을까
이를 두고 핫바지 부대란 조롱도 그 괜한 얘기 아닌 것 같습니다
지금에 와서 많은 부분이 바뀌어지고 개선되었기에
나 혼자만의 걱정 아니길 바랍니다
한가지 예를 들어 보겠습니다
할아버지는 외무장관이며 작은 할아버지는 국회의원인 아들이
군에 들어갔습니다
돈만 있으면 앉은자리에서 제대할 수 있다는
시대도 있었습니다만 지난 시절의 부패의 모습이고요
그때는 영농교육이란 것이 있었습니다
이분이 영농교육장에서 만났습니다
이름뿐인 명문가 출신은 앉은자리에서 제대까지는
이 친구는 3년 군복무를 마치고 영농교육장에서 저와 같은
내무반에 있었습니다

명문가 출신이란 이런 분을 두고 하는 말인 것입니다
세월이 꿈과 같이 흘러 지금에 와서 반추하듯 이런 글을
남기는 것은 진정한 애국이 무엇인지 나라를 위한 진정한
명문가를 보이기 위함임을 밝혀둡니다

옛날에는 돈 없고 백 없는 농촌 출신을
흔히들 말하는 핫바지 부대 대부분이 농촌 출신
부대를 말하는 것이 아닌가 생각합니다

조각상 하나

앞산 쪽으로 조금 비켜가면 무엇이 그렇게 우스운지
떡하니 입 크게 벌리고 잡지나부랭이를 읽는 모습이
독서삼매경에 빠졌다
긴 인생 어느 과정이 소홀했다면 발도 키나 마음이 크지 못하여
지금 정신 놓는 이 모습이 된 신의 단초가 아닐까?
그저 시간 죽이는데 정신 팔려 정신과 육체를 단련하지 못한
젊은이들 아니었을까?
조금 더 남쪽으로 발길을 옮기면 오늘은 일찍 인솔자를 기다리는
아들 등에 엎고 지 애비 기다리는 동그랑 얼굴의
조선의 여인상은 무엇을 의미하는가?
시대에 뒤떨어져도 한참은 그 여인상 지금 우리에게 주는 의미는
무엇인가?
많은 인파 속에 눈을 씻고 찾아봐도 만날 수 없는 조선의 새 여인상
변해버린 세태에 대한 우리 것을 지키라는 또 다른 메시지인가?
밤은 깊어만 가고 빨간 불판 위에 노리끼리 잘 익어가는 먹음직
한 음식이며

고기단주에 술술 잘 넘어가는 소주량만큼이나 밤을 비틀거리게
한다
　술 취한 이들의 발길질에 걷어 체이며 밤은 깊어 간다
　밤이면 더욱 봄비는 좋죠 오가는 말속에 포장되지 않은 말속에
온갖 욕설 질펀거린다
　시대 뒤 떨어진 구닥다리 고물 팔다 불경기에 먹는 것이 최고야
하는
　심경으로 음식점을 열었다
　먹고 마시며 취하며 비틀거리는 종로
　서 있는 조각상 선이 어우러진 종로
　화상골목도 떡골목도 아닌 젊음의 거리 종로
　먹고 마시며 비틀거려도 다시금 젊어지는 거리 종로
　젊음을 본다

거들먹거리다 제대했습니다

　국민의 4대 의무는 국방.납세.교육.노동이며
　국방과 납세는 의두이며 교육과 노동은 의무이자 권리이기도 합니다
　이 4가지 중 분단국가인 한국에서 국방의무는 젊은 남자라면
　태어나면서 얻어지는 신성한 의무입니다
　군에 가지 않으면 남자로서 구실을 할 수 없는 것인지 모릅니다
　옳고 바른 생각이면 군 복무는 당연한 것인지 모릅니다
　그럼에도 불구하고 사회 저변에 흐르는 기류는 군에 가지를 않는 것이
　무엇인가 가지고 있다는 것이며 자랑이며 거창한 것을 가지고 있다는
　비정상적인 사회의 단면을 보여주는 것이다
　6·25 동란 후에도 마을에 동장 아들만 되어도 군에 가지 않는

방법을 알고 있으면서 부정하고 부조리한 방법이 사회
전반에 만연해
　있었습니다
　사직당국에 색출 엄벌하여야 함에도 그렇지 못했습니다
　정말 공평한 어느 누구도 예외일 수 없습니다
　여기저기에 구멍이 숭숭 뚫어 있으면 알고도 모르는 척
보고도 못 본격
　지나온 세월이 있습니다
　이웃이라도 비리를 보았을 때 일벌백계하는 마음이었는데

본 만큼 행한다

내 머릿속 그림은 배우고 아는 것만큼 그린다
하느님을 자주 뵙는 사람은 성인되길 좋아하고
부처님을 만나는 사람은 보살 되길 소원한다
까마귀 노는 곳 백로가 가지 않듯
보이는 것 모두 다 검기 때문이다
교육과정의 중요함을
맹모삼천에서 얘기해 주었다
아이들의 부모가 남을 위해 배려하고 봉사하고 희생하며
가족들 위해 사랑으로 봉사할 때
아이들 교육은 저절로 이루어진다
자라는 아이들 모르는 것 같아도 내 부모 잘 사는지 못 사는지
아주 불을 보듯 뻔히 본다 자기 아이 위한다면서
학교에 가서 아이 말만 듣고 폭언 폭행하는 것
자기 아이에게도 전혀 도움이 되지 않는다
어릴 때 자초지종 따져 보고 조근조근 알아듣도록 얘기하며
남을 위한 배려 한 번 더 하는 것이 백번 천 번 옳다
앞에 거울을 보고 매무새를 고친다

민중의 해악

욕 같지 않은 욕 떼거리가 요즈음 늙은이의 삶의 한 도락인가?
시간 죽이는 일에 이력이 나도 그것을 갈지 않고서는
빨리 가던 시간도 멈춘다
말라 비틀어 죽은 귀신이 붙은 것도 아닌데
말라비틀어져 꽈배기 같다
산전수전 세파의 때묻음이 일목요연하다
시골 바닥의 약장수도 간단없는 메뉴가 욕자기와
그곳에 민주의 해악이 있고 삶의 질곡이 숨을 쉰다
내가 하지 않는 넋두리라 너로 하여금 빛이 난다
유명한 보신탕 주인이 할매이고 투박한 마투는 욕지거리이다
욕먹는 것이 보신탕 맛이다. 이 욕지기는 삶의 무게이요 정말 먹지
않는 욕이다
그러나 조심하여라 시알 없이 내뱉은 욕지기는
중늙은이의 무게가 가랑비에 젖곤 새 깃털 마르듯이 날아가 버린다

아이들의 거울

범죄로부터 아이들을 보호하기 위하여는
부모 먼저 잘 사십시오
부모는 아이들의 거울입니다
흔히들 아이들에게 거짓말을 하지 마라 말합니다
자기는 거짓말을 하면서 말입니다
아이들 앞에서 본보기를 보이십시오
부모들을 보면서 아이들은 자랍니다
콩 심은 데 콩 나며 팥 심는 데 팥 나는 게 진리입니다
자기 앞 거울을 보면서 명심하세요

● 해설

살아온 날의 기억에서
용출하는 허허로운 염려
— 권동웅 제4시집 『하늘 아래 머무는 풍경』 해설

조 용 연
(시인 · 문학평론가)

  경북 영천 출신의 권동웅 시인은 이미 현대문학과 문학예술, 모던 포엠 등 기성 시단을 거친 시인으로 문학세계에서도 시와 수필로 등단한 문학세계문인회 정회원이다. 제1집 『매화나무와의 만남을』시작으로 제2집 『삼호 가는 길』, 제3집 『능금나무와의 사랑』과 작품선집 『마음 가는 대로 사소서』까지 냈다. 2022년 제2집 출간 이후, 매년 연달아 시집과 수필, 소설을 낼 정도로 왕성한 창작열을 불태우는 작가다.

  2024년의 작품 선집 『마음 가는 대로 사소서』에서 「90 나이에」를 제목으로 달고 있는 시편에서 드러내놓고 자신의 일생을 정리하는 책장 앞에서 생에 허용된 시간이 얼마 남지 않았다는 절박한 감정이 '마무리해야 할 일'에 대한 소명을 더 절실하게 느끼고 있다는 게 느껴진다.

  2015년 첫 시집 이후, 2022년 이후 매년 1권의 시집을 내고 있다는 것은 문학의 개화와 결실의 시간 배치가 더욱 촘촘할 정도로 느끼고 아파하는 시간도 많다는 방증이다.

  장르도 시, 수필, 소설까지 문학적 보폭은 물론 스펙트럼도 넓다. 사유와 그 결과는 단단하게 열매를 맺고 있다는 입증이 따로 필요 없다.

  "시는 강력한 감정의 자발적인 넘쳐흐름이다. 그것은 고요함 속에서 회상된 감정에서 비롯된다"라고 윌리엄 워즈워스(William Wordsworth)의 말을 굳이 빌리지 않더라도 이번 시집 『하늘 아래 머무는 풍경』은 시인의 한 생애의 굽이굽이에서 매달려 살아온 흔적의 회상이 다시 망라되었다.

  시인의 언어는 독백처럼 나직하나, 따뜻한 시선을 내내 감추지 못하고 있다. 현실에 눈을 돌려보면 견딜 수 없는 것들이 사위(四圍)를 포위하고 있어 고통스러워도 결코 좌절의 언어로 마감하지 않는다.

  권동웅의 제4시집에 대한 시평 요청에 붙은 포스트잇에 '사투리 표기는 그대로 부탁드립니다'라는 단서가 달려 있었다. 그의 시적 토양을 지배하고 있는 배경의 언어는 영남의 말, 금호강변의 말이어서 표준어로 진행되는 '바루는' 과정에 훼손되는 것을 미리 걱정하고 있는 듯하다. 평자의 처지가 아니라 독자의 관점에서 그의 사유 궤적을 원음으로 따라가 보기로 한다.

1. 머지않은 망백에서 바라본 유한한 인생행로

이 세상 철학적 명제에서 가장 분명한 것은 태어난 존재는 반드시 죽는다는 사실이다. 이 엄연한 사실을 외면하고 살기도 하지만 끝없이 우리 육신의 곁을 맴도는 명제다. '시가 밥이 되느냐'라는 실존적 당위에 관한 질문보다 '시가 위로가 되느냐'라는 질문은 '그렇다'는 답을 기꺼이 선사해 준다. 권동웅 시인이 평생을 의지해온 종교적 성찰과 함께 큰 정신적 기둥은 문학이고, 그 중심에 시가 서 있다.

스스로 사위어가는 육신 속에서도 더욱 명징하게 다가오는 시 「세월의 잔해」는 시인의 지난 세월과 다가올 세월을 더욱 실감 나게 한다.

　　하늘 가운데 둥둥 떠다니는
　　구름 사이 바람인가 하였더니
　　세월이었네

　　땅바닥에 떨어져 누워있는

그 흔하디 흔한 낙엽의 비애
단풍인가 하였더니 바람
바로 너였구나

쏴아아

마파람 한 번에 사방으로
흩어지는 나뭇잎마다-

속절없이 흘러가는 세월의
쓸쓸한 잔해였네

—「세월의 잔하」 전문

 땅바닥에 떨어진 낙엽을 그는 자연의 이치나 겸손으로 이해하기에 사위어가는 육신이 자신을 내려놓은 가장 낮은 위치로 잡아 '비애'의 감정으로 접선한다. 단풍의 아름다움을 차마 이해하기도 전에 몸을 감싸고 오는 슬픔으로 바람과 구름을 이해한다. 떨어진 존재를 아름다움으로 이해하는 여유보다 먼저와 생각을 에워싸는 것은 '쓸쓸한 잔해'라는 명제와 부딪힌다.
 시인의 낙엽에 관한 생각은 또 다른 시 「공감」에서 더 구체적이다.

언 땅에 우수수 떨어져 누운
그 흔하디 흔한 낙엽이여

지난해보다
올해는 더더욱 바삭거리는
너의 모습이 오늘따라 애잔하구나

인생도 사랑도 마찬가지다
흙으로 변하는 너의 혼령
다음 해 기약이라도 하는 건지

해마다 너의 모습 지켜보는 내 마음
편하지 않은 것은 왜일까?

─「공감」 전문

 낙엽은 바로 시인이라고 직접 마주한다. 언 땅 위의 흔한 낙엽이 자신이라 지칭하며 '지난해 보다'라는 더 구체적인 시제를 통하여 자신의 육신이 바삭거리는 낙엽이라고 건조함을 강조한다.
 인생도 사랑도 한 시절 인연이 다해 흙으로 변해 간다는 매우 선명한 사실을 다시 확인함으로써 다음 해를 기약할 수 있을지 의문부호를 찍는 것으로 현재의 시간을 자리매김한다.
 이런 과정은 해마다 이루어져 왔고, 주변에서 하나둘씩 사라져 간 친구들의 존재를 통하여 자기 좌표를 확인해 왔을 생각을 하면 우리는 시적 감흥 이전에 삶의 근원 문제에 공감하는 벤치에 함께 앉게 된다.
  시인의 시편 중 「죄와 벌」은 레드카드와 옐로카드라는 아주 구체적인 징벌적 의미까지 동원하며 나무와 낙엽의 시간을 바라본다.

    나무들은 긴 겨울을 나기 위하여
    모든 것을 끌어안는가

    자기 분신인 잎들을 땅에 떨어뜨리고
    한 점의 후회도 없다

    이는 스스로 비우고 버리는 쇄신의
    참모습이기도 하지 않는가

    자신의 생명을 유지하기 위해서는
    자기가 갖고 있는 온갖 것으로부터
    버리고 비우는 모습이 필요하다

    빨강, 노랑 잎새들을 가진 낙엽은
    나이 들며 피어나는 얼굴에 검버섯과
    무엇이 다른가?

    다르다면 낙엽 색깔인 파랑 노랑 빨강과
    사람의 얼굴에 피는 검버섯의 색감 차이일 뿐이다

애당초 만드실 때 옐로카드와 레드카드의 의미
부여하신 것이 아니실까 의구심도 들었다

전지전능하신 하느님께서는
만물의 영장인 인간 세상의 모든 것을
미리 알고 계셨는지도 모르지

—「죄와 벌-레드카드와 옐로카드」 전문

  이 시에서 시인은 나무의 모습에서 객관화되는 자신을 발견한다. 모진 겨울 혹독한 추위를 견디기 위해 영양분을 채우고도 잎을 떨궈내, 고요 속 침잠으로 스스로 드는 나무의 자구행위를 이해한다. 자신이 낙엽이면서도 스스로 선택하는 비움을 쇄신이라 말하고 참모습이라고 공감한다.
  화제를 전환하며 낙엽의 색깔과 자신의 얼굴에 핀 검버섯의 색상을 대비한다. 알록달록한 단풍에서 레드와 옐로의 이미지를 끌어낸다. 낙엽의 빛깔이나 검버섯의 빛깔이나 받아들일 수밖에 없는 저승사자의 카드로 맞는다.
  하여 검버섯을 저승꽃이라 선인들은 부르면서 이를 장수의 상징으로 받아들였다. 그야말로 오래 살지 않고서야 저승꽃을 만날 수도 없는 일이니 말이다.
  카드 두 개의 의미는 인생 전편을 설계한 하느님의 심려가 이미 계산되어 있다는 종교적 해석으로 편안해진다. 인간이

유한한 생명의 애착이 있기에 영생에 대한 의지처로 하느님을 선택하는 것이리라

  시인이 여명(餘命)을 바라보며 지은 시는 몇 편이 더 있을 정도로 당면한 주제이기도 하다. 「이승과 저승」에서는 이승에 존재하는 시간과 공간이 저승에서는 의미 없다고 단정한다. 부나, 명예 그 어떤 것도 의미 없는 것이며 늙고 병들고 죽는 일조차 없다고 믿고 있으니, 그가 바스락거리는 존재로 육신을 거느리고 있어도 담담하게 자연의 이치라고 말할 힘이 있다.
  「사람의 목숨」이란 시에서는 죽고 사는 일이 운명이라고 담담하게 말한다.

    사람의 목숨은 아무도 거두어 가는 날
    총알이 비 오듯 쏟아지는 전쟁터에서도
    용케 살아 돌아오는 이 있고 첩첩 하루 종일 차 몇 대 지나지 않은
    굽굽이 미포란 느릿길에서도
    서로 부딪혀 목숨을 맡기는 경우도 있다
    태어나는 날은 정확하지만 죽는 날은 아무도 모른다
    어찌 보면 사람의 도슴 하늘의 필요에 의해
    정해지는 것 같다
    어느 집이고 먼저 가는 이 보면 하늘의 필요에 의해 이루어지는 것 같다

그 집 또 그 집안에서 제일 잘난 사람이다
오래 살려면 1등보다 2등 3등도 괜찮은 것 같다
우리 속담에 욕 많이 얻어먹으면 오래 산다는 것
그 말 옳은 말이다
욕 많이 얻어먹는 사람 잘난 사람 없으니 말이다

—「사람의 목숨」 전문

  2등, 3등을 해도 이승에 사는 시간이 길어지고, 심지어 욕을 좀 먹더라도 이승에 사는 게 좋지 않냐고 너무 솔직히 고백하는 인간미를 유감없이 드러내 보인다. 「세월 가면」이라는 시에서는 사철 푸른 소나무 너도 별수 없이 가야 한다고, 너무 뽐내지 말라고 슬쩍 충고까지 하며 오늘 지는 저 서산의 해는 내일의 시작이라고 위로하는 지혜를 말해 준다.

2. 너나 할 것 없이 가난했던 날의 추억

  이미 칠순을 넘긴 세대라면 너나 할 것 없이 가난하던 시절을 지나왔다. 가난은 안개처럼 드리워져 그 시대의 일상을 지배하던 때였다. 무엇보다 배고픔이 먼저였다. 권동웅 시인의 「춘래불사춘(春來不似春)」이 허기진 배를 다시 기억하게 한다.

백묘면 어떻고
흑묘면 어떨 것인고

고양이가 쥐를 잡으면 되는 일인 것을
중국 개혁 개방을 외쳤던 소설가가 한 말이다

옛 우리 속담에도 비슷한 고사성어가
더러는 있었다. 꿩 잡는데 매와 같지 않을까마는
우리나라 만만 년 역사의 소용돌이 속
삼월 춘궁기이며 보릿고개를 아는가 모르는가?

얘들아, 내 말 좀 들어보소
아이들은 알 리도 없고 접하지 않아
아무것도 모를 일이다

보릿고개 그 배고픈 설움을 말이다
핏기 없는 누리 쿠린 얼굴에
아직도 바람 찬 그믐날 배고프지 않은
그런 적을 접해 보았는가?

누더기 같은 핫바지 속으로 파고드는
차디찬 그 얼음장 같은 추위의 설움

춘래불사춘의 깊고 깊은 뜻을
설움 중에 제일 큰 슬픔이 배고픔인 것을
등 따습고 배부른 현실보다 배고파도
아름다웠던 그 시절 지난 날을 꺼내 보면서
위안으로 삼고 그리움의 한 페이지로 위로받는다

나와 사랑하는 시절 인연 속에서
오순도순 살아가고 싶다.

—「춘래불사춘(春來不似春)」 전문

　배고픔의 설움은 오래도록 치유되지 않는 상처로 남는다. 꽁보리밥도 먹고 돌아서면 배고픈, 그나마도 배불리 먹지 못한 그날의 기억은 일생을 지배한다. 1940년대생인 권동웅 시인은 시간적 배경으로는 가장 불행한 세대에 속한다. 전생 세대여서 그렇다.
　유소년기에 이른바 '대동아전쟁(大東亞戰爭)'으로 배운 태평양전쟁, 청소년기에는 6·25 전쟁, 어른이 되어서는 베트남 전쟁의 참전까지 직간접으로 겪으면서 그야말로 생과 사가 바로 문밖에 놓여있던 시대의 직접 경험자이자 피해자다.

　중국의 위대한 지도자 덩샤오핑의 개혁개방 '흑묘백묘론'을 시의 첫 구절에 꺼낸 것은 강력한 도발이다. 꿩 잡는 게 매라는 우리 속담까지 불러낸 그 실용은 배고픔의 해결이라는 위대한, 시대의 명제를 풀어내는 기본을 말하고 있다.
　박정희 시대의 경제개발 성과를 독재론으로 재갈 물리려는 비판에 대한 그 시대인의 항변처럼 보인다. 사람들아, 내 말 들어보소가 아니라 "애들아 내 말 좀 들어보소"라고 말하는 권유는 차라리 복장 터지는 절규처럼 들린다. 너희가 배고픔을 아느냐는 말 뒤에는 누렇게 오래 굶주려 살가죽이 들뜨고 부어 누렇게 되는 부황(浮黃)이 자신, 아니면 동무의 얼굴에서 떠나지 않던 시절 이야기를 하고 있다.

솜바지 사이로 스며드는 추위, 양말이 아닌 발싸개를 해서 넘겨야 했던 겨울 이야기를 궁상이라고 해도 기어이 하겠다는 결기가 보인다. 안타까워서 일 게다. 그러나 그 배고픔의 시간을 처절하게만 기억하는 것은 아니다. 배고파도 아름다웠다고 하는, 나를 위로하는 한 페이지로 기억하며 오순도순 살아가는 기제로 삼고 있어 시인답다.

또 다른 시「가난하던 시절」에서 용변을 보고 난 뒷 이야기는 그야말로 아래가 쓰라리다.

    종이가 귀하였던 시절
    뒷간에서 짚의 용도를
    너희는 아느냐?

    얼마 지나지 않아
    돌가루 포대와 신문지를
    비벼 사용해야 했던

    쓰라린 기억들

지난 시절 가난하였던 추억의 잔해
오순도순 석복이란 이름으로
말해 주고 싶구나

— 「가난한 시절」 전문

이젠 죽은 말(死語)이 된 뒷간, 변소의 기억, 아무리 먹을 게 없어도, 우리 몸은 배출해야 할 것은 해야 하니 뒷간의 일은 배고픔의 기억과 연동되어 작동된다. 종이가 귀하던 시절이니 용변 뒤처리를 짚으로 대충 하던 때가 기억난다. 그러다 돌가루 포대종이를 비벼 사용했다는 것은 그나마 구호물자와 새마을 사업이 막 시작되던 전후의 호사다.

이제 세계 제1의 공공화장실 시대를 연 위대한 대한민국에 관한 이야기를 오순도순 사는 '석복(惜福)'으로 마무리 지으니 시인의 소박한 성정을 제대로 보여주는 시다.

소년기의 시인이 아이들과 놀면서 불렀다는 노래의 한 대목 '갓데 구동태'는 그가 아이답게 뛰놀던 기억도 불러낸다.

갓데 구르마 동태
누가 돌렸나!

집에 와서 생각해 보니
나 자신이 돌렸다.

무슨 뜻일까?

어린 시절 거침없이 쿨렀던
이 노래 그때는 아무 생각 없이
불러왔던 노래였으나

지금 생각하니 자리를 모면하기
위하여 거짓말을 하고 난 이후
집에 와서 생각하니 후회막심하다

―「구루마 동태」 전문

「구루마 동태」는 아마도 자전거 휠이든 둥근 쇠바퀴 글렁쇠를 굴려 가면서 즐거워하던 소년의 기억이다. 미군들이 즐겨 쓰던 '갓뎀'의 부정조인 어휘까지 여과 없이 따라 한 것으로 보인다.

그런 노래는 입에 달라붙어 떨어지기도 어렵다. 어떤 상황을 모면하기 위해 무슨 거짓말을 후회까지 하는 것을 보면 강력한 기억의 접착제가 아직도 붙어 있음이 틀림없다.

그런가 하면, 「시골집」에서는 고향의 옛집에서 아주 정적인 관찰과 어린이 다운 생각의 파편들이 엿보이기도 한다.

햇빛이 유난히 하얀 여름날 마당 넓은 집
바지랑대 위에 웬 잠자리 한 마리 앉았다

고개를 숙였다 들었다. 검은 꽁지 올렸다 내렸다
허공 중에 빨강 고추잠자리 한 마리
눈치 보는지 빙빙 원을 그린다
하늘에는 검은 구름 몰려다닌다
이글거리는 해는 구름 속으로 들어갔다 나왔다
숨바꼭질이다
깜깜하다 하얗다
내리는 비 찔끔찔끔 마당엔 물방울이 만들어
방울이 만들며 떠내려간다
없어졌다 만들었다 또 없어진다
빨랫줄에 많은 옷들이 자랑 아니하듯 펄럭인다
보는 나 머리 빙빙
눅눅한 바람은 화를 참는지
휑하니 내 몸을 휘감으며 지나간다

—「시골집」전문

　권동웅 시인의 젊은 날 회상 한 장면은 아주 정적이고, 구체적이다. 바지랑대에 올라앉았다 떠나고 돌아오기를 반복하는 빨간 고추잠자리의 율동, 눈치 보는 구름이 작열하는 태양과 벌이는 숨바꼭질은 제법 깊은 웅덩이에서 동무들과 벌이는 자맥질처럼 다가온다.
　그러다 갑자기 쏟아지는 소낙비에 마른 마당은 순간 물길이 생기고, 주변에는 포말이 채 가라앉기도 전에 떠내려가는 풍경, 비를 맞으면서도 펄럭이는 빨래는 엄마라면 맨발로라도 뛰어나가 걷어야 할 생활이지만 소년답게 구경하면서 수챗구멍 가에서나 날법한 역한 냄새까지 섞인 눅눅한 바람을 몸으로도 느낀다. 이미 시인의 정밀 사생이 어릴 때부터 시작된 싹이 보인다.

이제 세상 살 만큼 산 나이가 되어 유유자적 산책하는 길목에서 만나는 풍경에 대한 느낌도 젊은 날의 기억과 연결되어 시「푸른 길 공원에서」드러난다.

> 한낮 이글거리는 태양은 후끈 열기를 뿜는다
> 나무 둥걸이 벽이 되고 서까래가 된 듯
> 가지에 푸른 잎들은 둘러서서 천정을 만들었다
> 그늘이 드리워진 푸른 길
> 의자에 둘러앉아 더위를 잊는 듯 어른들
> 한담을 나누시는 대여섯분 여유로움 보인다
> 멀지 않은 지난날 증기를 내뿜으며 칙칙푹푹
> 소리도 요란하게 도심 한복판을 철마가 석탄가루 휘날리며
> 달렸던 그 길 둘레에 나무들은 사역하는 기분으로
> 빙 둘러보며 걸어 본다
> 한 번도 와 본 일이 없는 이 길이 맞아든 것은
> 어느 도시 할 것 없이 달리는 철마
> 이 무수한 사람들의 소망 기쁨 슬픔 등 애환을
> 함께 싣고 가지 않았을까?
> 철길 옆 다닥다닥 처가가 맞물린 집에

열 아이 넘던 그 아이들 다들 어디 가고
요즈음 띄엄띄엄 한 아이만이 외로워하며
나뭇잎 무성한 이 길을 걸어간다

―「푸른 길 공원에서」 전문

 이제는 공원으로 조성된 옛 철길, 그 녹음 속을 걸어가면서 그의 기억은 '미카'로 시작하는 증기기관차와 화부가 열심히 석탄을 삽질하던 시대의 증기기관차를 불러낸다. 육중한 몸채를 헐떡이며 언덕을 오르는 차는 연신 기적과 증기를 숨 가쁘게 뿜어대고, 오가던 길이다.
 이제 그 자리는 할 일 없는 노인들의 그늘이 되어 옛이야기를 반복하는 장소가 되었다. '기찻길 옆 오막살이 아기 아기 잘도 잔다'라는 동요처럼 올망졸망 살던 시대 골목이 그득하던 아이들은 보이지 않고 과영양 시대를 살고 있는 아이들이 방과 후 학원을 가야 하는 다른 가방을 메고 가는 모습이 외롭게 보인다고 쓸쓸해한다. 오늘의 저출생 시대의 애환까지 시인의 산책은 끝이 없다.

3. 무심한 일상, 샛별처럼 돋아나는 회억

 시인의 집이 경산 근처임을 알 수 있는 시가 「남매지 사계」이다. 남매지는 경산의 동쪽의 둘레 3km의 제법 규모 있는 저수지로 인근 시민의 허파 구실을 한다.

봄.
저 멀리 성암산 팔공산 바라보며
봄맞이 오리 길 걷노라면

빨강 장미 터널 옆 둗가에는
산책 나온 물고기 여러 마리
인기척에 깜짝 놀라 물밑으로 달아난다.

여름.
무더운 여름밤 분수 쇼 구경하며
더위도 잊은 듯 걷노라면

앨이디 가로등 은은한 빛은
훤히 둘레 길을 밝게 비추고
잠을 설친 물고기들 물속에서 헤엄친다.

가을.
단풍으로 물든 가을 산 바라보며
시원한 둘레길 걷다 보면
여러 색으로 물든 나뭇잎들
여기저기 두둥실 떠다니고
물오리들 여러 마리 줄을 서서 헤엄친다

겨울.
햇빛은 가득 얼음 위에 내려앉고
둘레 길엔 인적이 뜸하고
넓은 빙판에는 참새들 만이
숙였다 들었다 목 운동하니
목이 긴 황새 한 마리 먼 산보며
외롭단다

영남대학교 본관 건물 옥상에 불빛은
번쩍번쩍 자신을 알리고
쌍둥이 남녀 기숙사 불빛은
넓은 남매지를 밝게 비추고
잠을 깬 젊은이들 새벽까지
꿈을 좇는다

—「남매지 사계」전문

 남매지는 대구의 확장으로 더 가까워진 경산 시내의 호수이면서 휴식 공간이다. 사계절을 보면서 다가오는 자연의 변화와 살아있는 것들의 움직임을 주시한 느낌은 잔잔하게 전해 온다. 영남대학교 경산캠퍼스가 곁에 자리하고 있어 꺼질 줄 모르는 면학의 등불에서 자신의 젊은 날을 대입시켜 보고 있는 추억은 쓸쓸하지만 희망적이다.
 또 다른 시「남매지」를 통하여도 겨울이 오기까지 쏟아지는 분수, 어울림 축제가 벌어지는 청춘의 현장, 춤사위와 함께 조명의 현란을 종합 오케스트라라고 표현한 배경에는 여전히 젊은 향연의 현장을 시인도 떠나지 않고 있음을 드러내고 있다.

또 하나 남매지 옆에는 옛 가요의 별 '방운아 선생 노래비'가 있다. 본명 방창만(1930~2005) 일명 방태원이라고도 한 그의 노래는 경산을 떠나 부산에서 백영호 선생을 만나 부른 「마음의 자유 천지」가 대표곡이다. 이 노래는 예사 유행가가 아니다. 「봄날은 간다」를 작사한 손로원 시인의 가사이기도하다.

> 백금에 보석 놓은 왕관을 준다 해도/ 흙냄새 땀이 젖은 베적삼만 못하더라/ 순정이 샘이 솟는 내 젊은 가슴속에/ 내 맘대로 토끼들과 얘기도 하고 내 담배 연기 따라 세월도 간다

1955년 곡이니 6·25 전후의 피폐한 삶 속에서 의지할 곳 없는 사람들의 이상향을 찾는 간절한 심정을 노래했다. 고음과 저음을 넘나들면서 조바꿈의 착각이 들 정도로 이 노래는 편안하게 부르기에는 불편한 음정의 조합이지만 방운아는 명쾌한 음색과 한이 서린 듯 풍부하고 편안한 비브라토로 '라장조'의 매력을 선사한다.

남인수 풍의 그 시대 가수의 어쩌면 마지막 세대인 그를 발굴한 것은 영남대 국문과 교수 출신의 이동순 시인과 대구, 경산의 옛 가요 애호가들이 공들여 세운 비석이 남매지의 아취를 더하게 한다.

권동웅 시인의 발걸음은 앞산공원으로도 옮겨지면서 허접한 잡지나 읽고 있는 청춘에 대한 일갈, 아기를 등에 업고 지아비를 기다리는 조선의 여인상까지 만나면서 세태에 대한 인식을 탄식조로 뱉기도 한다. 술 취한 밤거리 풍경에는 지글거리는 고기 기름과 오가는 술잔에 튀어나온 질펀한 육담까지 담겨 있다. 그의 걸음이 멈춰 서는 종점은 역시 젊음의 거리로 환생한 대구 종로가 되어 술 취한 어깨동무 시대까지 불러내 마감한다.
　때로 권 시인은 「살풀이」라는 시를 통하여 이생의 삶을 맺힌 그곳을 풀어주는 한의 정화의식에서 씻김굿의 의미까지 확장하며 하얀 춤사위에서 사생하듯 감동의 살을 발라낸다.

　　섬섬옥수 가느다란 고운 손 긴 두 손가락으로 하얀 치마
　　한 자락 꼭 잡고 가벼이 물방울 휘 뿌리듯
　　보일 듯 아니 보일 듯 퉁기니 꿀 따라 가는 훨훨 나는 흰나비
　　하늘을 향해 비상하는 물 찬 제비같이 앞이마 감아 빗어
　　윤이 나는 검은 머리 정절인양 절개인 양 굳게 다문 입술
　　한이 많아 떠나지 못한 님아
　　넋아! 아 넋아 천상 오르지 못한 머나먼 길 가벼이 가려무나

　　　　　　　　　　　　　　　　　　　—「살풀이」 전문

　살풀이는 우리의 나쁜 기운과 액운의 응축인 살을 풀어냄

으로써 우리의 삶이 평안해지도록 이끌어주는 무속 의식이 조선조 후기에 들어와 광대나 기녀의 예술로 승화되기에 이르렀다. 1903년 극장 공연으로는 초연되었고, 손녀 한영숙에 의해서 이후 경성부민관 등에서 1930년대에 공연되었다. 1990년에는 국가 무형유산 제97호로 제정될 정도로 우리에게는 익숙한 전통 춤이 되었다.

권 시인은 이 춤사위를 직접 본 감흥을 세밀하게 묘사하고 있다. 살포시 잡은 치마꼬리, 손가락 마디마디 전해오는 그 춤사위의 유연한 힘을 물방울을 훝뿌리고, 하얀 나비의 자태에 비유하며 무녀의 자태와 옷매무새까지 몰입한다.

이는 한이 많아 떠나지 못한 님의 혼백이 가벼이 떠나도록 떠받쳐주는 염력까지 보탠다. 단순한 액막이의 살을 푸는 의식에서 더 나아가 씻김굿의 천도 의식과도 맥을 이어주는 영매의 세계까지 공감을 맺고 있다. 죽음을 통하여 삶을 다시 되돌아보는 철학적 사유까지 그 춤사위에서 연결점을 찾아내고 있다.

4. 인간의 흥망성쇠를 닮은 사계절의 애수

계절의 변화는 시인이 아니더라도 사유의 변화를 불러오는 중요한 기제다. 시인에게 있어 계절의 변화는 다양한 단상을 불러오기에 많은 부분을 차지하는 대상이기도 하다.

권 시인도 「요즘 봄 날씨」라는 시에서 봄 날씨의 변덕을 주목했다.

봄볕이 숨어버린 자리에
봄비가 머물지라도 살갑다
이도 잠깐 하늘은 줄까 말까?
언 발에 오줌 누듯 찔끔찔끔
긴 시간 동안 어르듯이
미안했으면 얼굴은 숨겨야지
뭘 그리 잘했는지?
구름은 하늘 어느 곳으로 자취를 감추고
해는 쨍쨍 밝은 얼굴을 보인다

―「요즘 봄 날씨」 전문

시인이 만난 봄은 훈풍이 불고, 꽃소식이 전해지는 생동의 봄, 맞이하는 봄의 이미지와는 거리를 두고 있다. 아마도 감질나게 내리는 봄비에 대한 섭섭함이 더 컸던 것 같다. 봄가뭄이 깊이 들었는지, 반가움에 맞은 비가 내리다 말다를 꽤 오랜 시간 줄듯 말 듯했는지 심기가 불편해 보인다. 이내 말개진 하늘에 대해 살짝 투정하듯 섭섭한 심정을 '염치'가 없다고 한 소리하는 시인다운 심사를 보이기도 한다.
「비 내리는 날」이란 시에서는 본격적으로 쏟아지는 비에 대해서는 바로 염려하며 걱정하는 심사를 여과 없이 쏟아내기도 한다.

> 창밖에 내리는 장대비
> 사람에 따라 詩가 되고 음악이 되고
> 영혼의 엘레지가 되기도 하지만
>
> 하루하루 살기 힘든 사람들에겐
> 장마 가운데 가뭄이 되기도 합니다
>
> 최희준의 하숙생도 이미자의 여자의 일생도
> 되지만 삶의 희망을 잃은 사람들에게는
> 긴 한숨의 슬픈 일이기도 합니다
>
> ―「비 내리는 날」 전문

 장대같이 내리는 비는 아무래도 장마 통의 비임이 틀림없다. 이 긴 시간 내리는 비를 시라고, 음악이라고, 아니 영혼의 엘레지라고 표현하는 이들은 그래도 살만한 여유가 있는 사치라고 규정한다. 하루 벌어 하루 먹고사는 이들은 그 비조차 가뭄이라고 하루 공칠 일을 걱정해 준다.
 유행가 '하숙생'과 '여자의 일생'은 굽은 허리를 펴고, 되돌아보는 세월에 한숨 돌릴 여유라도 있지만 지금 당장 떳거리를 걱정해야 하는 사람들의 긴 한숨을 어찌하면 좋겠느냐고 함께 아파하는 직선 공감을 맨살로 보여준다.

전통 사회의 보편적 의식은 이렇게 없는 사람의 심정을 일상에서 서로 알아주고, 때로는 구휼해 주는 연민으로 무너지는 순간이 오지 않게 다독이는 성정을 지닌 게 사람답게 사는 일이었다.

더위가 물러가고 가을이 오는 소리의 대명사는 귀뚜라미의 독창이다. 권 시인도 시인의 가을 타기를 「가을 배달부」와 「귀뚜라미」 두 시를 통하여 음미하고 있다.

> 귀뚜라미 소리는 보통 귀뗼귀뗼 하는데
> 저 귀뚜라미는 귀뚜루루 귀뚜루루
> 4음정이 매우 음악적이다
> 한 잎 두 잎 낙엽 지니 슬피 우는 소리일까?
> 여름 한 철 긴 더위 없어지니
> 기쁨의 소리일까?
> 높은 하늘에는 쟁반 같은 보름달
> 주변 사위가 싱그러우니 멀리 보낸 님 없으므로
> 코끝 찡하게 한다
> 지금 이 밤 여인들 얼마나 가슴 설레며 있을까?
> 깊은 밤하늘 초롱초롱한 별 따다 함지박에 담아
> 흘러가는 구름으로 포장하여
> 귀뚜루루 귀뚜루루 음악에 맞춰
> 늦도록 사랑을 배달한다.
>
> ―「가을 배달부」 전문

귀뚜라미 소리를 정확히 채록하듯 음절, 음소를 나누어 음악적으로 분석하는 일은 이미 가을을 좀 더 들여다보고자 하는 시인의 자세가 갖춰져 있는 상태다. 사람은 쓸쓸하게 느끼는 가을이 귀뚜라미 너는 기쁘냐 슬프냐를 또 사람의 잣대로 들여다본다.

보름달, 공산명월이 휘영청 밝으니 님 소식 기다리는 여인들은 얼마나 들뜰 것인가. 교교, 적적한 이 한밤 떠나보낸 이 없는 나조차 싱숭생숭하게 하는데 별을 딴 함지박을 구름으로 포장해 율동감 있게 전해준다고, 귀뚜라미를 사랑의 배달부라 명명한 시인의 임명장은 흐뭇하게 웃도록 만든다.

또 다른 가을에 만난 시 「귀뚜라미」에서 놈은 어제와 오늘 각기 다른 소릴 낸다. 어제 웃음 짓던 놈은 '귀뚜랄랄'이었는데 오늘 울고 있는 놈은 '귀뚤귀뚤' 짧은 비명이라고 식별해 낸다. 만월에 기댄 희망의 약조는 신나는 율조를 타고 있지만, 지금 무슨 사연인지 기다리다 지친 놈의 애조는 딱하기만 하다.

5. 절기라는 마디에 달라지는 인생의 계절

계절이 참 희한하기도 하지, 절후의 이름, 그 문패 하나 바꿔 달았다고, 뜨거운 열기가 한풀 죽고, 그 혹한의 살을 에는 추위 사이로 빼꼼히 내미는 봄의 촉이 저마다의 의미로 살아 숨 쉬는 것이 절후이고, 인생 무대다.
 권 시인은 「삶의 거처를 옮아간다」에서 인생 계절의 한 마디를 다시 어루만진다.

    고개 숙인 벼가 노랗게 익어가는 들녘을 탈곡기 한 대가
    한 번 또 한 번 지나간다
    황토흙이 원래 제 모습 드러낸다
    아침까지만 해도 꽉 찬 벼들로 들어찬 들녘에
    아무것도 갖지 못하고 텅 비어 있다
    햇빛단이 온들녘에 가득하다
    무리 지은 철새 떼들은 자기 운동장인 양 떼를 지어 온 하늘을
    날아다닌다
    일사불란한 모습을 본다
    예행연습의 한마당 곡예 즐겨 본다
    가을은 결실의 계절이기도 하다 비우기도 하고 버리기도 한다
    원래대로 돌아가 속마음을 보이기도 한다.
    채우기도 하고 비우기도 하는 또 원래대로 돌아가는 속마음을 보이기도 하는
    또 다른 계절 나기도 한다
    채움 뒤에 비움이 있고 마침 뒤에 시작이 있다
    이세상에서 마침은 죽음이며 저세상에서 시작일 뿐이다
    이세상에서 마침은 죽음이 아니고 저세상으로 거처를 옮기는
    과정일 뿐이다
    시작과 끝 믿고 믿지 않음이 차이일 뿐 아니라
    이세상에선 어디를 봐도 시작이 있을 뿐이며 진정한 끝은 없다

끝이 없는 우주나 끝이 없는 시간이나 거기서 거기이다

―「삶의 거처를 옮아가다」 전문

가을 풍경을 관조하면서 추수를 완결하기 위해 지나가는 탈곡기, 휑한 들판, 놀이하듯 날고 앉기를 반복하는 철새들을 보며 결실을 거두는 일에 대한 의미를 일깨운다.

그리곤 이내 살아있는 것과 죽어 있는 것의 존재론적 해석을 어디서 시작이고, 어디가 끝인지 알 수 없다는 화두로 시작한다. 부처의 말씀과 행동에 근거하는 공안(公案)을 물고 늘어지듯 시인은 지난여름의 그 천둥, 먹장구름, 번개도 결국 우리의 몸에 피는 저승꽃 몇 송이 피우기 위해 그리 울었다고 단정하기도 한다. 심지어 단풍의 현란한 몸부림까지도 저승꽃의 자연적 표현이라고 말하는 사생관을 보이기도 한다.

여든 고개를 넘어서던서 들기 시작한 사유는 채움과 비움의 상관관계를 자연스러운 연속으로 보고, 그다음에 시작이 있다고 희망의 설정을 강당히 한다.

종교적 해석이다. 하느님이거나 하나님이거나 영생의 틀이 있어 의지처가 되기도 하고, 연기론에 근거하는 윤회의 불가(佛家)적 해석으로 또 다른 세상으로 거처를 옮기는 것으로 상정한다.

여기에 우리말 '죽음'의 높임말이 '돌아가시다'라는 말임에 주목할 필요가 있다. 그것이 사후 '절대 생존 세계'로 돌아가든 아니면 다시는 '절대 적멸 세계'에 영원히 머물게 되든 '돌아가시다'라는 말은 그 자리가 따로 있다는 말이 된다.

인생 무대의 자리바꿈, 그 마디의 천이(遷移)를 우리가 모두 계절의 변화에서 상징적으로 감지하게 되는 것이다. 흔히 하늘의 영성이 지배하는 세계에서 천당의 복록을 누리고, 극락세계에서 열락의 시간을 보내는 믿음 아래서는 그다지 거대한 자아 성찰까지 할 필요도 없지만, 동학에서 이야기하는 '원래의 그 자리'로 돌아간다는 사실은 그 이정표의 행선이 무서울 정도로 깊고 깊다. 어쩌면 불연(不然)의 세계에 존재하는 그 자리로 돌아감까지 온 가슴으로 받아들일 때 권 시인이 말하는 '진정한 끝은 없다'.

'우주의 시간은 거기가 거기다'라는 명제까지 공감할 수 있게 될 것이다.

계절로 봐도 겨울의 완결은 하얀 눈이다. 그냥 흩뿌리는 첫눈이 아니라 나뭇가지조차 견디기 힘든 함박눈으로 세상이 뒤덮는 눈이어야 인생 관조에 제대로 된 무대효과가 나온다. 저마다 상처투성이의 삶, 저잣거리의 너절한 풍경조차 다 가리게 되는 시간을 권 시인이 불러내는 이유다.

하늘이 회색 구름으로 덮여있다
몇 시간을 벼르고 어르듯 주춤한 모습이더니
어느새 함박눈이 흰나비 되어 춤추며 내린다
더러운 세상 하얘져라 하늘의 염원이 담긴 걸까?
한순간 온 세상을 하얗게 덮어 버린다
온 세상이 백색으로 변하였다
사람의 힘 크다 하나 자연 앞에서 말도 부칠 수가 없다
하늘 아래 모든 것이 완벽한 흰색이다
내일 아침 해 뜨면 눈이 물이 되어 속삭이듯 말할 거야
하느님 들으시기 편하도록 세상 염원을 담아 주세요
하얀 눈이 소리 되어

―「하얀 눈이 소리 되어」 전문

  시인은 함박눈이 내리는 눈의 시간을 실시간으로 목격한다. 자고 났더니 세상이 하얘졌다는 영탄이 아니다. 내리는 눈에서 하얀 나비를 연상하고, 영화 속 외계인이 지구의 종말을 몰고 급습하는 비행접시 같은 존재로 눈을 해석하는 그 두려움 앞에 강설마저드「눈 오시는 날」이라고 엎드려 절하며 맞는 경외심을 보이기도 한다.

  권 시인은 완벽한 흰색 앞에 할 수 있는 것이 하느님께 기도하는 것밖에 다른 것이 없다고 고백한다. 자고 나면 어쩌면 물이 되어 흘러내릴 저 눈 덮인 세상의 염원 그 소리를 들어달라고 간절히 매듭리고 있는지도 모른다.

6. 아름다운 우리 산하, 거기서 인생 다시 보다

여행을 사람들의 소망이라고 말하는 시대를 지나왔다. 여행은 이미 일상이 되고, 여행을 통하여 인생도 되돌아보는 것은 아주 보편적이다. 권 시인은 국내 여러 여행지에 시를 남기면서도 외국을 한 편도 소개하지 않고 있다. 그 가운데 눈에 띄는 것은

> 국립공원 5대 산 상원사 뒤 법당
> 전나무 군락은 용맹정진하신 젊은 스님 닮아볼까?
> 푸르다 못해 검푸르다
> 상원사 동종은 우리나라에서 가장 오래된 범종
> 천년을 지나 오늘까지 구천의 소리를 온 산천에 뿌리니
> 자라나는 온갖 산천초목 하후하후 긴 세월
> 밝고 맑고 아름답게 긴 세월 흠뻑 적신다
> 생기발랄하며 뻔쩍뻔쩍 저 모습은
> 부처님 설법에 매료되어 해탈도 마다 않은
> 미운 마음 때문일 게야

— 「상원사 풍경」 전문

권 시인은 오대산 상원사에 올랐던 느낌을 사실적으로 그려내 시 한 편을 만들었다.

「상원사 풍경」에서 우리나라 최고(最古)의 동종에 대한 의미를 구천을 헤매는 영혼 천도까지 의미를 부여한다. 전나무

숲길은 종교를 떠나 사철 수많은 답사객을 불러 모은다.

젊은 스님의 기운을 전나무 숲에서 보고 종의 표면에서 긴 세월 적신 웅혼한 타종 소리를 생기발랄이라고 해석하는 독특한 눈길을 보낸다. 부처님 설법에 매료되어 해탈도 마다한다는 표현은 아직 그 종소리조차 사바에 해야 할 일이 많다는 것을 그리 표현한 듯싶다. '하후하후'라고 사전에도 나오지 않는 고향말을 통해 더듬고 있는 참 오랜 세월이 꽤나 감각적이다.

「주문진 앞바다에서」라는 시를 통하여 세월과 파도 그리고 독특한 자연 조형을 말하고 있다.

그 바다
찬 바람도 이글이글 타오르는
태양도 온몸으로 맞서려는 저 모습

수만 년 세월을 견디며
여기까지 왔노라.

가지가지 모습대로 변한 것들도
영원한 증표이자 인니의 상징이다.

이 모든 것이 영원한 찰나의 대칭인 양
피부 차이에서 총구 겨누고 있는
한 번 해병은 영원한 해병이라

오래 산다고 한들 겨우 백 년을 살면서
무슨 원수를 진 것처럼 총부리를 겨누느냐?

… (하략) …

—「주문진 앞바다에서」 중에서

 지명을 명시하지는 않았지만 주문진 소돌해변을 본 감흥을 노래한 것이 틀림없다. 주문진 소돌해변의 해식 단애는 동해의 절경 가운데서도 으뜸이다. 억겁이 세월을 파도와 싸워 견뎌낸 암석의 승리이자, 파도 입장에서는 그 오랜 세월 끝없는 반복으로 이뤄낸 과업이다.

 해변 마을 전체는 소가 누워있는 모양이요, 다양한 물상의 형상이 찾는 이들의 눈길을 끌고 보니 강릉시는 2003년 배호의 명곡「파도」의 노래비를 세울 적지로 선점했다. 동해 어디에 파도가 없을까마는 파도의 의미까지 새겨 넣었다. 아무 연고도 없는 배호의 노래가 원적을 찾은 듯 여전히 노래비는 서 있다.
 가요 평론가들은 바위는 권력이요, 파도는 민중이라고 해석하면서 그 끝없는 대립의 역학을 자연현상에 이입시켰다. '부딪혀서 깨여지는'이라고 문법을 이탈하는 비장미로 배호의 노래가 여전히 들려오는 그 바다에서 권 시인은 근처 작은 봉우리 위 해병초소를 발견한다. 거기서 분단의 처절한 세월을 반추한다. 사상이 무엇이고, 정치가 무엇이기에 이 대립의 긴장을 질타하던서, 이것이 현실이라면 나는 '국민의 한 사람으로서 각오한 바 있다'라고 애국의 결기를 다진다. 드디어 '통일'이라는 말을 역사에서 지운 북녘의 체제가 안 갯속에 비대칭의 핵으르 칼을 갈고 있는 시간에 다시 시인의 말에 주먹을 쥐어본다.

역시 우리 땅 여행의 절정은 제주도다. 제주는 서귀포를 기준으로, 동쪽으로 도는 동귀선과 서쪽으로 도는 서귀선이 있다. 제주 동귀선 코스의 진수는 성산 일출봉과 우도다. 시인은 「일출봉 정상」이런 시에서 해가 아닌 비를 맞는 풍경을 비감으로 묘사하기도 한다.

낮게 드리운 운무가 숲을 점령하듯
나무 사이사이로 스멸스멀 지나다니는
산 안개 운무의 유혹이여

어느 외국영화 한 장면처럼 보이지 않는
적을 향하여 총구 겨누며 이래저래 매섭게 노려보며
민첩하게 움직이는 병사같이 팽팽하게
긴장감마저 감돌고 였다.

> 넓은 바다는 평온한데 일출봉은 찬비를 맞는다
> 일촉즉발 시커먼 먹구름이 뒤덮었다
>
> 찬바람 금방이라도 쏟아질 듯
> 구월 비는 하늘의 뜻이 아닌가 그 아래
> 모든 것 담담하게 맞아야 한다
>
> 바다와 육지를 지나 그 아래 비를 맞으며
> 나도 비를 맞는다 일출봉도 비를 맞는다
>
> ―「일출봉 정상」 전문

 일출봉에 스멀거리는 산안개, 운무를 유혹이라며 서정적으로 받아들이다가 갑자기 내리기 시작하는 비를 맞으면서 놀란다. 그 표정은 전장에서 죽느냐 사느냐로 대치하는 병사의 눈초리로 묘사한다.
 이건 베트남전 참전 시대를 몸으로 겪은 한국인의 트라우마 같은 건지도 모른다. 얼마간의 참전 수당으로 치유되지 않는 동료의 죽음이나 부상으로 살갗에 와닿는 9월 비의 한기를 느끼고 있음이 틀림없다. 그게 하늘의 뜻이라면 이라며 그 흔한 제주의 비를 받아들이고, 바다와 육지가 비를 맞는데, 일출봉도 비를 맞는 데 누가 거역할 것이냐며 체념하는 생존의 순응 방식을 여행지 제주에서마저도 감추지 않는다.
 서귀선 제주의 명소인 송악산을 보러 가서도 천년 해식 단애와 일제 강점기의 해안포 방어진지 등 전형적인 다크 투어리즘의 명소를 높은 파도로 접근하지 못한 아쉬움조차 자연이 허락지 않는다고 이내 포기해 버린다.
  권 시인의 분단 피해 의식은 바다 건너 우도에 들러서도, 목가적인 풍경을 감상하면서도 여실히 드러난다.

    … (전략) …
    옆에 제주도가 있어 외롭지 않은 섬 우도/ 울긋불긋 무리 지은 이색 지붕들/ 성씨별로 칠했다는 관광버스기사의 우스갯소리/ 보고 베낀 것 같은 하나의 색깔/ 천편일률적인 것 같다/ 다양성의 조화를 염두에 둔 것일까?/ 지붕 색깔이 다르다고 마음마저 다른 것 아니겠지?
    … (하략) …

                              —「우도」중에서

  시「우도」에서 제주 특유의 납작 지붕의 색깔을 유럽처럼 같은 색으로 칠하지 않을 것을 두고 다양한 구성을 믿으면서도 분열로 가는 것은 아니겠지, 하는 염려를 빼놓지 않는 정서적 족쇄를 벗어던질 수 없다.

7. 삶이 펼쳐지는 저잣거리, 세태, 풍자의 미학

  권동웅 시인은 생활의 터전인 현실에서 벌어지는 현상에 대한 관찰과 애정을 드러내는 시편도 선보인다.「엽전」이란 시에서는 가운데가 뚫려 있는 주화가 화폐이던 시절, 이제는 통용되지 않는 엽전의 모습을 보며 돈 이야기를 회고적으로 그린다.

얼마 지나지 않은 지난날
많은 백성의 귀여움을 독차지
했던 너

혼자 있을 때는 말할 것도 없고
여럿, 우애가 돈독하여 꾸러미에 꿰어
대갓집 농 밑에서 우애가 두터워

서로 정을 나눌 때
하늘도 부러운 것 없었다

얼굴을 맞대고 손에 손을 잡고
긴 줄이 되어 정을 나눌 때
그 시절 그때가 그립구나!

―「엽전」 전문

장사꾼 말 가운데 믿을 수 없는 한 가지가 '밑지고 판다'는 말이다. 장사꾼 죽는소리, 앓는 소리를 새겨들어야 한다는 것을 재치 있게 시로 표현하기도 했다.

관문시장 장서방은
만날 때마다 남는 것 없다
헛장사한다고 하신다

오늘은 어떠하신지요
조심스레 여쭈어보면 어제보다
더 많이 손해 보았다고 한다

그 언제 쨍하니 해 뜰 날 있으리요
그래도 지금까지 수십 년 동안 지켜온
그의 재주가 놀랍다

자식 농사도 잘 지었고
아들 둘 딸 하나까지 시집보내고
세 사람 다 대학까지 마쳤으니
전셋집 하나씩 한두 푼도 아니니

맨날 남은 것 없다 하시더니
그래도 어디 남는 구석은 있으신 모양일세

—「관문시장 장서방」 전문

매일 헛장사, 손해 봤다면서도 수십 년 점포를 열고, 자식들 번듯하게 키워 적어도 전셋집 정도 마련해 시집·장가보냈으니 성공한 인생인데 슬쩍 늘 하던 말버릇 '맨날 적자'를 슬쩍 꼬집어 독자를 미소 짓게 한다.

요즘 세태를 꼬집는 또 하나의 시 「맞바람」은 통탄과 회초리에 가깝다. 바람둥이 남편이 오히려 아내를 의심하는 의처증으로까지 비화하는 아이러니를 지적한다.

> 바람 자주 피는 남편/ 하여 자신의 아내도 상대 같은/ 여자일까?/ 의심의 눈으로 집에 오면 달달 볶는다 … (중략) … 그리하여 조심조심/ 남의 집 여자 탐하면서 자신의/ 아내 감시 잘하라고 신신당부하는 말 … (중략) …
> 맞바람 피우는 집안을 들여다보면/ 일심동체라는 말은 접어두고/ 각자 다른 마음이다 보니 씁쓸하다
>
> ―「맞바람」중에서

고 탄식하며 시인의 아내에 대한 사랑과 백년해로의 기쁨을 감사의 시로 썼다.

> 잠깐 외출 나간 아내
> 말없이 돌아오던 날
> 우연하게도 느낌이 와닿는다
>
> 대화는 없어도 아마 지금쯤
> 아파트 정문에 도착했을 거야

마당을 걸어서 온다
하나, 둘, 셋이면
가까이 낯익은 발자국 소리

찰칵 여보! 나왔어

오래 살다 보면 이렇게 된다

가끔 아내가 무엇을 생각하는지
알 때가 있다

당신 지금 그것까지 생각하고
어떻게 알았어요

나, 당신 속에 들어갔다 나왔잖아

오랜 시간 동안 기도를 통한 마음자리
잠시 떨어져 있어도 아내의 마음 읽는다

기도를 통한 모든 심상은
원과 염이 되어 강둑처럼 흐른다

또한 자신도 모르는 사이에
텔레파시가 된다

이 말, 순수한 우리말로 표현하자면
합심의 한 모습이기도 하다

—「텔레파시」전문

권 시인은 시 「텔레파시」에서 외출 나갔다 돌아오는 아내의 발걸음을 마음으로 느낀다. 아내의 걸음을 하나둘 헤아리는 마음이 현관 출입문 자동 도어의 찰칵 열림으로 이어질 때 소파에 드러누워 문득 든 아내 생각, 지금 어디쯤 오고 있나 하는 생각이 맞아떨어질 때, 아내에 관한 한 족집게가 된 자신을 대견하게 여긴다. 그것이 평소 지니고 있던 염력이고, 서로에 대한 기도이며, 그 힘이 텔레파시라는 파동으로 합심을 말하고 있다고 아내를 안아준다.

산에 살면 산새/ 들에는 종달새 지지배배/ 강가에는 황새, 방앗간에는 참새/ 가을 하늘에는 기러기 날고/ … (중략) … 이곳저곳 옮겨 다니면 철새/ 한 곳에 머물면 텃새/ 내 마음속 당신은 나의 집 새/ 나와 같이 백 년을 해로하는 피앙세/ 우리 둘은 떨어지려야 떨어질 수 없는/ 영원한 원앙새 한 쌍

—「원앙새」 중에서

피앙세까지 새의 반열에 놓을 정도로 달달한 연시가 되어 오금이 저리기도 하지만 평생을 함께한 아내에 대한 이보다 더 진한 헌사가 어디 있겠는가.

8. 현실 정치에 대한 탄식과 우국충정 그 걱정의 나날

정치는 현실을 떠나지 못한다. 정치의 장(長)이 바로 우리 생활의 무대다. 그러나 오늘의 한국 정치를 보는 국민의 마음은 편치 못하다. 세상이 이만큼 경제적으로는 살만해졌는데 정작 우리 사회를 끌고 가야 하는 정치 영역이 후퇴하는 듯한 현실을 보는 시인의 눈은 걱정으로 가득하다.

물고 뜯고 할퀴고
정치인들 파당을 지어 서로 싸움질이다

왜구들에게 나라 망신당하더니
아직도 정신을 못 차린 작당들이다

자기들끼리 패거리 전투 속에서
작당하니 피가 거꾸로 설 지경이다

누구 하나 국민을 위한다면 얼마나 좋을까마는
안타깝고 갑갑한 상황들이 분노를 유발시킨다

청개구리도 아니고 배반의 장미도 아닐진대
언제나 반대를 위한 반대를 일삼아도
이러다가 조선조 말 비운의 국가로 전락하지
않을까? 심히 염려가 된다

국민을 위한 국민의 정치를 위한 일인데
왜 국민들은 등을 돌릴까? 이유를 알 수 없다

말이 앞서면 실속이 없으니, 옛말에 호박에 줄 긋는다고
수박이 되지 않는다고 했듯이 말이 앞서는 정치
국민을 위한 올곧은 정치인으로 거듭나시지요

진정 국민을 위한 정치 믿어보고 싶소

— 「정치인의 실상」 전문

권 시인이 「정치인의 실상」이라고 이름 붙인 시에서 시인은 평정심을 잃은 듯 보인다. 아니 차분히 말해서 들어먹을 상황이 아니라고 미리 판단해 버린 듯 담시의 형식으로 아주 제대로 회초리를 들고 있다.

여야의 싸움질에 환멸을 느낀 시민사회를 대신해 던지는 통렬한 비판이 시대를 넘어선 우국으로까지 이어진다. 왜구에 능멸당한 왕조의 무능함에 대한 비판, 부패와 무능으로 일제에 병탄 된 조선왕조까지 불러내며, 무조건적 반대와 파쟁을 일삼는 행태는 개탄의 수준이라 청개구리, 배반의 장미, 패거리 전투, 호박에 줄 그은 수박론까지 분노를 감추지 못한다. 그러면서도 마지막 장에서는 진정으로 국민을 위하는 정치를 보고 싶다고 애원한다. 결국은 아무리 마이동풍이라도 현실 정치는 정치인들이 끌고 나가는 대의제도밖에 방

법이 없기 때문이다.

「어깃장」이라는 시를 통해서도 회초리를 거두지 않는다. 여야 모두를 싸잡아 어깃장이 취미냐고 묻고 있다. 벽을 쌓아 놓고, 바늘구멍 하나 없으니, 타협이 정치라는 공식의 모듈은 산산이 깨어진다. 반대를 위한 반대에 골몰하는 정치권 불신의 죽비를 정치인들의 정수리를 향하여 내리친다.

우리 사회 전반을 바라보는 권 시인의 불편한 마음은 「답답하다」라는 시에서 더 솔직하다. 시적 은유의 궤도에 접어들 생각조차 없는 듯 단선적 직설이다.

> 어디를 가나 뾰족탑(+)도 만(卍)자도 많아
> 몇 가구 살지 않는 산골 마을에도
> 좁은 들녘 농촌에도 하느님 말씀 부처님 말씀 울려 퍼진다
> 세월 가면 올 것은 오고 갈 것은 가는데
> 꼭 가고 없어져야 할 것은 난무하고
> 와야 할 정직(正直)은 가뭄에 콩 나듯 드문드문 보인다
> 쇠고기 하나로 매일 촛불집회다 데모한다 해도
> 없어져야 할 것은 여기저기 우후죽순처럼 난무하고
> 한국 사회에 퍼져야 할 정직이란 손가락으로 셀 정도라면
> 선진국으로 가는 길 한참이나 멀었나 보다
>
> ―「답답하다」 전문

사원과 교회를 상징하는 조형물이 넘쳐나는 도시, 성령이 깃든 말씀은 우리 삶의 지표가 되는 것이 지극히 당연하나 그렇지 못한 형편을 권 시인은 탄식한다. 세상의 이치로 봐도 존재와 부재의 당위가 있음에도 어디에 정직함을 발견하기 힘들다고 갑갑해한다. 수입 쇠고기를 둘러싼 광우병 파동의 허위와 정치 진영 간의 충돌 같은 예민함에도 불구하고 우리 사회는 '정직 실종 시대'를 맞고 있다고 진단한다.

9. 여든 고개를 넘어 보이는 세상, 좀 더 경건해질걸

100세 시대라고 해도 여든 고개를 넘어서면 웬만한 세상은 다 보인다. 시인이 아니더라도 어느 정도는 삶에 대한 정리와 성찰이 필요한 시간임을 느낀다.

피는 꽃에 대한 영탄과 지는 꽃에 대한 비애를 말하는 숱한 시는 인간이 아름다움을 대하는 태도에 금도를 이야기하는 잣대가 된다. 권 시인의 「화무십일홍(花無十日紅)」도 그러하다.

> 열흘 동안도 붉은 꽃은 없고 필요 없는
> 꽃잎들만 무성하다는 뜻이 아닌가 싶다
>
> 해 질 무렵 봄비에 젖은
> 꽃 몽우리들 맺는가 하였더니

성질머리 급하게도 하루 사이에 화들짝
고개를 치켜들고 봄바람에 살랑살랑
퀸이 된 얼짱으로 으쓱으쓱 라일락까지
온통 섭렵하고 있다.

이 모든 화려하여진 뒤에 세월 속에 혹 가버리고
열흘도 채우지 못한 채, 후드득 떨어지니
천년 갈 것 같던 꽃들의 절창도 버티지 못하고
추풍낙엽처럼 가을 단풍으로 변신하더니
마파람에 못 이겨 낙화의 운명을 맞이한다

겨우 이러려고 채신머리없이 부끄럽지도 않은가?
아이고 부끄러워라 뽐내지는 말 것을 화무십일홍
너, 라일락만 몰라서 그런 것인지 아직도 의문부호
남을 뿐이다.

—「화무십일홍(花無十日紅)」전문

  누구나 인생의 화양연화의 시절이 있다. 꽃으로 말하면 만개하는 기쁨이 충만한 시간이다. 안될 것이 없다는 자신감으로 가득하고, 자부심이 넘쳐 오만의 극치로 치닫는 일도 있다. 개화의 단계도 자연의 이치로 당연히 다가오고 사라지는 한 현상이란 사실을 5월의 라일락의 만개에서 권 시인은 오히려 일갈한다. 강한 질투처럼 보이리만치 "너 조금만 기다려봐. 세상은 그게 아냐."하는 듯 안타까워도 한다.

지난겨울 유난히 많았던 눈, 결국 설해(雪害)를 입은 노송 군락이 군데군데 절단 났다. 유독 소나무의 처참한 상황은 밑둥치까지 다 뽑혀 쓰러지고, 부러진 가지에서 입증되었다.

    가지에 앉아 녹아내리는 눈도
    한겨울 수백 년 노송 가지에 소복이 쌓이면
    우지끈 부러지는 아픔을 겪는다
    내 티끌 같은 잘못도 털지 않고 쌓이면
    수백 년 노송 가지와 다를 바가 없다
    업 스스로 짓기도 하고 지우기도 한다

            —「업」 전문

사철 푸르른 기상을 뽐내던 소나무의 참상은 가을에 스스로 단풍 들고, 낙엽 지는 활엽수의 겸허를 비웃은 죄라고 말하는 듯하다. 읍참마속의 심정으로 잘라버리고, 털어버리고, 그 혹독한 겨울 추위를 맞았더라면 잉잉거리는 삭풍의 구음이 처연하긴 했을지라도 생가지가 부러지고, 뿌리째 뽑히는 참사는 막을 수 있었을 거라고 말한다. 세상의 이치로 본다면 그게 바로 업(業)이라고 천주교 신자인 시인조차 인연의 마디를 잘라내지 못한 대가로 정의하는 게 한국인의 보편적 정서와 일치한다.

이 땅의 남자로 사는 이들은 군대의 기억을 평생 지니고 살아간다. 시 「핫바지 부대」에서 인맥 없는 청년들끼리 군대에서 만나 이른바 '썩어가는 세월' 3년을 이야기할 때 그들은 스스로 '핫바지'라고 비하했다. 그 자조의 시간 속에서도 병역의 의무를 이행하는 명문가의 자손인 동기생을 발견하며 위로받고, 희망을 거는 시간을 맞기도 한다.

어떠한 이유든 군대를 피해 간 정치인이 대통령이 되고, 국회에 수두룩한 현실에서 우리는 가진 자의 노블레스 오블리주를 다시 생각하게 된다. 이 신성한 병역의무에 대한 현실을 「거들먹거리다 제대했습니다」라는 시에서 구체적으로 비판한다. 군대 기피의 비정상과 만연한 부조리를 목격하면서 눈감은 자신을 질타하기도 했다.

시인의 눈에 비친 틔틀린 사회의 단면은 「억장 무너지는 소리」에서 15평짜리 성냥갑 아파트가 10억이라는 현실에 돈이 흔하다고 해도 말이 안 되는 사실이라고 탄식한다.

권 시인은 「본만큼 행한다」라는 시에서 맹모 3천의 가정교육을 강조하며, 오늘날 무너진 교권에 대한 탄식도 피해서 가지 못한다. 학교에 가서 아이 말만 듣고 (교사에게) 폭언 폭행하는 것/ 자기 아이에게도 전혀 도움이 되지 않는다/ 어릴 때 자초지종 따져보고 조근조근 알아듣도록 얘기하며/ 남을 위한 배려 한 번 더하는 것이 백번 천번 옳다는 지적에는 학교 현장에서 벌어지고 있는 교사의 '노동자로서 교권'

과 학부모의 비틀린 '내 새끼 제일주의'가 적나라하게 충돌한 참상이 담겨 있다.

 권동웅 시인은 이미 여러 권의 시집과 수필, 소설 등 작품집을 낸 시인이다. 문학적 성찰과 자기연마의 시간을 평생 지내온 내공이 시집 전편을 통하여 여실히 입증되었다.
 인생이 여든을 넘어서는 때는 시간의 소중함, 그리고 이 땅에 살아 숨 쉬는 유한한 존재라는 인식에 훨씬 가까이 다가서는 정밀(靜謐)의 시간이다. 지금까지 관계를 맺고 살아온 것에 대한 서로 간의 좌표를 되돌아 보고, 또 그 관계를 다시 설정해야 하는 시간이기도 하다. 그것은 내려놓는다는 의미의 '방하착(放下着)'이란 불가의 화두가 더 절실하게 다가오는 때다.
 그러나 삶을 회고하고 성찰하는 시간에 지혜는 쌓여 왔으나 육신은 조금씩 윤기를 잃어가면서 의기소침한 시간이 오기도 한다. 허무와 담장 하나 사이에서 그 위를 걸어가는 심정을 공감하면서도 평생을 문학과 더불어 살아온 권동웅 시인의 일생은 귀감이 되기에 충분하다.
 이제 진짜 망백의 시간, 아니 백세시대까지 그런 사유와 성찰이 시간이 또 다른 시작(詩作)활동과 저술로 이어지기를 기대하는 마음을 전한다.

문학세계대표작가선 1057

하늘 아래 머무는 풍경

권동웅 제4시집

인쇄 1판 1쇄   2025년 8월 22일
발행 1판 1쇄   2025년 8월 29일

지 은 이 : 권동웅
펴 낸 이 : 김천우
펴 낸 곳 : **문학세계** 출판브 / 도서출판 **천우**
등   록 : 1992. 2. 15. 제1-1307호
주   소 : 서울시 광진구 구의강변로 85 강우빌딩 7F
전   화 : 02)2298-7661
팩   스 : 02)2298-7665
http://cafe.naver.com/chunwu777
E-mail : cw7661@naver.com

ⓒ 권동웅, 2025.

값 18,000원

* 도서출판 천우와 저자의 서면 동의 없는 무단 전재 및 복제를 금합니다.
* 저자와의 협의에 따라 인지는 생략합니다.

ISBN 978-89-7954-964-5